卞尺丹几乙し丹卞と
Translated Language Learning

The Communist Manifesto

Komunistický Manifest

Karl Marx & Friedrich Engels

English / Čeština

Published by Tranzlaty

ISBN: 978-1-83566-469-8

Original text by Karl Marx and Friedrich Engels

The Communist Manifesto

First published in 1848

www.tranzlaty.com

Introduction
Úvod

A spectre is haunting Europe — the spectre of Communism
Evropou obchází strašidlo – strašidlo komunismu
**All the Powers of old Europe have entered into a holy
alliance to exorcise this spectre**
Všechny mocnosti staré Evropy vstoupily do svatého spolku,
aby toto strašidlo vymýtily
**Pope and Czar, Metternich and Guizot, French Radicals and
German police-spies**
Papež a car, Metternich a Guizot, francouzští radikálové a
němečtí policejní špioni
**Where is the party in opposition that has not been decried as
Communistic by its opponents in power?**
Kde je opoziční strana, která nebyla svými oponenty u moci
odsouzena jako komunistická?
**Where is the Opposition that has not hurled back the
branding reproach of Communism, against the more
advanced opposition parties?**
Kde je opozice, která by nevrhla zpět výčitku komunismu
proti vyspělejším opozičním stranám?
**And where is the party that has not made the accusation
against its reactionary adversaries?**
A kde je ta strana, která nevznesla žalobu proti svým
reakčním protivníkům?
Two things result from this fact
Z této skutečnosti vyplývají dvě věci
**I. Communism is already acknowledged by all European
Powers to be itself a Power**
Komunismus je již všemi evropskými mocnostmi uznáván za
to, že je sám mocností
**II. It is high time that Communists should openly, in the
face of the whole world, publish their views, aims and
tendencies**

II. Je nejvyšší čas, aby komunisté otevřeně, před celým světem, zveřejnili své názory, cíle a tendence

they must meet this nursery tale of the Spectre of Communism with a Manifesto of the party itself

musí na tuto dětskou pohádku o strašidle komunismu odpovědět Manifestem samotné strany

To this end, Communists of various nationalities have assembled in London and sketched the following Manifesto

Za tímto účelem se komunisté různých národností shromáždili v Londýně a načrtli následující Manifest

this manifesto is to be published in the English, French, German, Italian, Flemish and Danish languages

tento manifest bude zveřejněn v anglickém, francouzském, německém, italském, vlámském a dánském jazyce

And now it is to be published in all the languages that Tranzlaty offers

A nyní má být zveřejněn ve všech jazycích, které Tranzlaty nabízí

Bourgeois and the Proletarians
Buržoazie a proletáři

The history of all hitherto existing societies is the history of class struggles
Dějiny všech dosavadních společností jsou dějinami třídních bojů
Freeman and slave, patrician and plebeian, lord and serf, guild-master and journeyman
Svobodný člověk a otrok, patricij a plebejec, pán a nevolník, cechovní mistr a tovaryš
in a word, oppressor and oppressed
jedním slovem, utlačovatel a utlačovaný
these social classes stood in constant opposition to one another
Tyto společenské třídy stály v neustálém vzájemném protikladu
they carried on an uninterrupted fight. Now hidden, now open
Pokračovali v nepřetržitém boji. Teď skrytá, teď otevřená
a fight that either ended in a revolutionary re-constitution of society at large
boje, který buď skončil revoluční re-konstitucí společnosti jako celku
or a fight that ended in the common ruin of the contending classes
nebo boj, který skončil společnou zkázou soupeřících tříd
let us look back to the earlier epochs of history
Podívejme se zpět do dřívějších epoch dějin
we find almost everywhere a complicated arrangement of society into various orders
Téměř všude nacházíme složité uspořádání společnosti do různých řádů
there has always been a manifold gradation of social rank
Vždy existovalo mnohotvárné odstupňování společenského postavení

In ancient Rome we have patricians, knights, plebeians, slaves

Ve starém Římě máme patricije, rytíře, plebejce, otroky

in the Middle Ages: feudal lords, vassals, guild-masters, journeymen, apprentices, serfs

ve středověku: feudální páni, vazalové, cechovní mistři, tovaryši, učni, nevolníci

in almost all of these classes, again, subordinate gradations

Téměř ve všech těchto třídách jsou opět podřadné odstupňování

The modern Bourgeoisie society has sprouted from the ruins of feudal society

Moderní buržoazní společnost vyrostla z trosek feudální společnosti

but this new social order has not done away with class antagonisms

Ale tento nový společenský řád neodstranil třídní protiklady

It has but established new classes and new conditions of oppression

Vytvořila jen nové třídy a nové podmínky útlaku

it has established new forms of struggle in place of the old ones

zavedla nové formy boje namísto těch starých

however, the epoch we find ourselves in possesses one distinctive feature

Epocha, ve které se nacházíme, má však jeden charakteristický rys

the epoch of the Bourgeoisie has simplified the class antagonisms

Epocha buržoazie zjednodušila třídní protiklady

Society as a whole is more and more splitting up into two great hostile camps

Společnost jako celek se stále více štěpí na dva velké nepřátelské tábory

two great social classes directly facing each other: Bourgeoisie and Proletariat

dvě velké společenské třídy přímo proti sobě: buržoazie a proletariát

From the serfs of the Middle Ages sprang the chartered burghers of the earliest towns

Z nevolníků středověku vzešli statiční měšťané z nejstarších měst

From these burgesses the first elements of the Bourgeoisie were developed

Z těchto měšťanů se vyvinuly první prvky buržoazie

The discovery of America and the rounding of the Cape

Objevení Ameriky a obeplutí mysu

these events opened up fresh ground for the rising Bourgeoisie

tyto události otevřely novou půdu pro rostoucí buržoazii

The East-Indian and Chinese markets, the colonisation of America, trade with the colonies

Východoindický a čínský trh, kolonizace Ameriky, obchod s koloniemi

the increase in the means of exchange and in commodities generally

vzrůst směnných prostředků a zboží vůbec

these events gave to commerce, navigation, and industry an impulse never before known

Tyto události daly obchodu, plavbě a průmyslu podnět nikdy předtím neznámý

it gave rapid development to the revolutionary element in the tottering feudal society

Dala rychlý rozvoj revolučnímu živlu v rozkolísané feudální společnosti

closed guilds had monopolised the feudal system of industrial production

Uzavřené cechy monopolizovaly feudální systém průmyslové výroby

but this no longer sufficed for the growing wants of the new markets

To však již nestačilo na rostoucí potřeby nových trhů

The manufacturing system took the place of the feudal system of industry

Na místo feudálního systému průmyslu nastoupil manufakturní řád

The guild-masters were pushed on one side by the manufacturing middle class

Cechovní mistři byli odsunuti na jednu stranu průmyslovou střední třídou

division of labour between the different corporate guilds vanished

Dělba práce mezi různými korporativními cechy zmizela

the division of labour penetrated each single workshop

Dělba práce pronikla do každé dílny

Meantime, the markets kept ever growing, and the demand ever rising

Mezitím trhy stále rostly a poptávka stále stoupala

Even factories no longer sufficed to meet the demands

Ani továrny již nestačily uspokojit poptávku

Thereupon, steam and machinery revolutionised industrial production

Pára a stroje pak způsobily revoluci v průmyslové výrobě

The place of manufacture was taken by the giant, Modern Industry

Místo výroby zaujal gigant, moderní průmysl

the place of the industrial middle class was taken by industrial millionaires

Na místo průmyslové střední třídy nastoupili průmysloví milionáři

the place of leaders of whole industrial armies were taken by the modern Bourgeoisie

na místo vůdců celých průmyslových armád nastoupila moderní buržoazie

the discovery of America paved the way for modern industry to establish the world market

objevení Ameriky vydláždilo cestu modernímu průmyslu k vytvoření světového trhu

This market gave an immense development to commerce, navigation, and communication by land

Tento trh přinesl obrovský rozvoj obchodu, plavby a pozemních komunikací

This development has, in its time, reacted on the extension of industry

Tento vývoj ve své době reagoval na rozšiřování průmyslu

it reacted in proportion to how industry extended, and how commerce, navigation and railways extended

Reagovala úměrně tomu, jak se rozšiřoval průmysl a obchod, plavba a železnice

in the same proportion that the Bourgeoisie developed, they increased their capital

tou měrou, jak se rozvíjela buržoazie, zvětšovala svůj kapitál

and the Bourgeoisie pushed into the background every class handed down from the Middle Ages

a buržoazie zatlačila do pozadí všechny třídy zděděné ze středověku

therefore the modern Bourgeoisie is itself the product of a long course of development

proto je moderní buržoazie sama produktem dlouhého vývojového běhu

we see it is a series of revolutions in the modes of production and of exchange

Vidíme, že je to řada revolucí ve výrobních způsobech a ve směnných způsobech

Each developmental Bourgeoisie step was accompanied by a corresponding political advance

Každý vývojový krok buržoazie byl doprovázen odpovídajícím politickým pokrokem

An oppressed class under the sway of the feudal nobility

Utlačovaná třída pod nadvládou feudální šlechty

an armed and self-governing association in the mediaeval commune

ozbrojené a samosprávné sdružení ve středověké komuně

here, an independent urban republic (as in Italy and Germany)

zde nezávislou městskou republikou (jako v Itálii a Německu)

there, a taxable "third estate" of the monarchy (as in France)

tam zdanitelný "třetí stav" monarchie (jako ve Francii)

afterwards, in the period of manufacture proper

poté, v době vlastní výroby

the Bourgeoisie served either the semi-feudal or the absolute monarchy

buržoazie sloužila buď polofeudální nebo absolutní monarchii

or the Bourgeoisie acted as a counterpoise against the nobility

nebo buržoazie vystupovala jako protiváha proti šlechtě

and, in fact, the Bourgeoisie was a corner-stone of the great monarchies in general

a buržoazie byla ve skutečnosti úhelným kamenem velkých monarchií vůbec

but Modern Industry and the world-market established itself since then

ale od té doby se etabloval velký průmysl a světový trh

and the Bourgeoisie has conquered for itself exclusive political sway

a buržoazie si vydobyla výlučnou politickou nadvládu

it achieved this political sway through the modern representative State

tohoto politického vlivu dosáhla prostřednictvím moderního zastupitelského státu

The executives of the modern State are but a management committee

Výkonná moc moderního státu není ničím jiným než řídícím výborem

and they manage the common affairs of the whole of the Bourgeoisie

a spravují společné záležitosti celé buržoazie

The Bourgeoisie, historically, has played a most revolutionary part

Buržoazie sehrála historicky nejrevolučnější úlohu

wherever it got the upper hand, it put an end to all feudal, patriarchal, and idyllic relations

Všude, kde získala převahu, skoncovala se všemi feudálními, patriarchálními a idylickými vztahy

It has pitilessly torn asunder the motley feudal ties that bound man to his "natural superiors"

Nemilosrdně zpřetrhala pestré feudální svazky, které poutaly člověka k jeho "přirozeným nadřízeným"

and it has left remaining no nexus between man and man, other than naked self-interest

a nezůstalo žádné spojení mezi člověkem a člověkem, kromě holého vlastního zájmu

man's relations with one another have become nothing more than callous "cash payment"

Vzájemné vztahy lidí se staly jen bezcitnou "platbou za peníze"

It has drowned the most heavenly ecstasies of religious fervour

Utopila nejnebeštější extáze náboženského zápalu

it has drowned chivalrous enthusiasm and philistine sentimentalism

utopila rytířské nadšení a šosáckou sentimentalitu

it has drowned these things in the icy water of egotistical calculation

utopila tyto věci v ledové vodě egoistické vypočítavosti

It has resolved personal worth into exchangeable value

Rozložila osobní hodnotu na směnnou hodnotu

it has replaced the numberless and indefeasible chartered freedoms

nahradila nesčetné a nezrušitelné zaručené svobody

and it has set up a single, unconscionable freedom; Free Trade

a nastolila jedinou, nehoráznou svobodu; Svobodný obchod

In one word, it has done this for exploitation

Jedním slovem, udělala to kvůli vykořisťování

exploitation veiled by religious and political illusions

vykořisťování zahalené náboženskými a politickými iluzemi

exploitation veiled by naked, shameless, direct, brutal exploitation

vykořisťování zahalené nahým, nestoudným, přímým, brutálním vykořisťováním

the Bourgeoisie has stripped the halo off every previously honoured and revered occupation

buržoazie svlékla svatozář ze všech dříve uctívaných a uctívaných povolání

the physician, the lawyer, the priest, the poet, and the man of science

lékař, právník, kněz, básník a muž vědy

it has converted these distinguished workers into its paid wage labourers

přeměnila tyto význačné dělníky ve své placené námezdní dělníky

The Bourgeoisie has torn the sentimental veil away from the family

Buržoazie strhla sentimentální závoj z rodiny

and it has reduced the family relation to a mere money relation

a zredukovala rodinný vztah na pouhý peněžní vztah

the brutal display of vigour in the Middle Ages which Reactionists so much admire

brutální projev síly ve středověku, který reakcionáři tolik obdivují

even this found its fitting complement in the most slothful indolence

I to našlo svůj vhodný doplněk v nejlenivější lenosti

The Bourgeoisie has disclosed how all this came to pass

Buržoazie odhalila, jak se to všechno stalo

The Bourgeoisie have been the first to show what man's activity can bring about

Buržoazie byla první, kdo ukázala, co může přinést lidská aktivita

It has accomplished wonders far surpassing Egyptian pyramids, Roman aqueducts, and Gothic cathedrals

Dokázala zázraky, které daleko předčily egyptské pyramidy, římské akvadukty a gotické katedrály

and it has conducted expeditions that put in the shade all former Exoduses of nations and crusades

a podnikala výpravy, které zastínily všechny dřívější exody národů a křížové výpravy

The Bourgeoisie cannot exist without constantly revolutionising the instruments of production

Buržoazie nemůže existovat, aniž by neustále revolucionizovala výrobní nástroje

and thereby it cannot exist without its relations to production

a proto nemůže existovat bez svých vztahů k výrobě

and therefore it cannot exist without its relations to society

a proto nemůže existovat bez svých vztahů ke společnosti

all earlier industrial classes had one condition in common

Všechny dřívější průmyslové třídy měly jednu společnou podmínku

they relied on the conservation of the old modes of production

Spoléhali na zachování starých výrobních způsobů

but the Bourgeoisie brought with it a completely new dynamic

buržoazie však s sebou přinesla zcela novou dynamiku

Constant revolutionizing of production and uninterrupted disturbance of all social conditions

Neustálá revoluce ve výrobě a nepřetržité narušování všech společenských podmínek

this everlasting uncertainty and agitation distinguishes the Bourgeoisie epoch from all earlier ones

tato věčná nejistota a neklid odlišují buržoazní epochu od všech dřívějších

previous relations with production came with ancient and venerable prejudices and opinions

Předchozí styky s výrobou přišly s prastarými a úctyhodnými předsudky a názory

but all of these fixed, fast-frozen relations are swept away

ale všechny tyto pevné, rychle zamrzlé vztahy jsou smeteny

all new-formed relations become antiquated before they can ossify

Všechny nově vytvořené vztahy zastarají dříve, než mohou zkostnatět

All that is solid melts into air, and all that is holy is profaned

Všechno pevné se rozplývá ve vzduchu a všechno svaté je znesvěceno

man is at last compelled to face with sober senses, his real conditions of life

Člověk je konečně nucen čelit střízlivým smyslům svým skutečným životním podmínkám

and he is compelled to face his relations with his kind

a je nucen čelit svým vztahům se svým druhem

The Bourgeoisie constantly needs to expand its markets for its products

Buržoazie neustále potřebuje rozšiřovat své trhy pro své výrobky

and, because of this, the Bourgeoisie is chased over the whole surface of the globe

a kvůli tomu je buržoazie pronásledována po celém povrchu zeměkoule

The Bourgeoisie must nestle everywhere, settle everywhere, establish connections everywhere

Buržoazie se musí všude uhnízdit, všude se usadit, všude navázat styky

The Bourgeoisie must create markets in every corner of the world to exploit

Buržoazie musí vytvořit trhy ve všech koutech světa, aby je mohla využívat

the production and consumption in every country has been given a cosmopolitan character

Výroba a spotřeba v každé zemi dostaly kosmopolitní charakter

the chagrin of Reactionists is palpable, but it has carried on regardless

rozhořčení reakcionářů je hmatatelné, ale bez ohledu na to pokračovalo

The Bourgeoisie have drawn from under the feet of industry the national ground on which it stood

Buržoazie vytáhla zpod nohou průmyslu národní půdu, na níž stála

all old-established national industries have been destroyed, or are daily being destroyed

Všechna stará zavedená národní průmyslová odvětví byla zničena nebo jsou denně ničena

all old-established national industries are dislodged by new industries

Všechna stará zavedená národní průmyslová odvětví jsou vytlačována novými průmyslovými odvětvími

their introduction becomes a life and death question for all civilised nations

Jejich zavedení se stává otázkou života a smrti pro všechny civilizované národy

they are dislodged by industries that no longer work up indigenous raw material

Jsou vytlačovány průmyslovými odvětvími, která již nezpracovávají domácí suroviny

instead, these industries pull raw materials from the remotest zones

Místo toho tato průmyslová odvětví čerpají suroviny z nejodlehlejších zón

industries whose products are consumed, not only at home, but in every quarter of the globe

průmysl, jehož výrobky jsou spotřebovávány nejen doma, ale ve všech částech zeměkoule

In place of the old wants, satisfied by the productions of the country, we find new wants

Namísto starých potřeb, které jsou uspokojeny produkcí země, nacházíme potřeby nové

these new wants require for their satisfaction the products of distant lands and climes

Tyto nové potřeby vyžadují ke svému uspokojení produkty vzdálených zemí a podnebí

In place of the old local and national seclusion and self-sufficiency, we have trade

Na místo staré lokální a národní odloučenosti a soběstačnosti tu máme obchod

international exchange in every direction; universal inter-dependence of nations

mezinárodní výměna ve všech směrech; všeobecná vzájemná závislost národů

and just as we have dependency on materials, so we are dependent on intellectual production

A stejně jako jsme závislí na materiálech, jsme závislí na intelektuální produkci

The intellectual creations of individual nations become common property

Duševní výtvory jednotlivých národů se stávají společným vlastnictvím

National one-sidedness and narrow-mindedness become more and more impossible

Národní jednostrannost a omezenost se stávají stále více nemožnými

and from the numerous national and local literatures, there arises a world literature

a z četných národních a místních literatur vzniká literatura světová

by the rapid improvement of all instruments of production

rychlým zdokonalováním všech výrobních nástrojů

by the immensely facilitated means of communication

nesmírně usnadněnými komunikačními prostředky

The Bourgeoisie draws all (even the most barbarian nations) into civilisation

Buržoazie vtahuje do civilizace všechny (i ty nejbarbarštější národy)

The cheap prices of its commodities; the heavy artillery that batters down all Chinese walls

Nízké ceny jejích komodit; těžké dělostřelectvo, které boří všechny čínské hradby

the barbarians' intensely obstinate hatred of foreigners is forced to capitulate

Silně tvrdošíjná nenávist barbarů k cizincům je nucena kapitulovat

It compels all nations, on pain of extinction, to adopt the Bourgeoisie mode of production

Nutí všechny národy, aby pod hrozbou zániku přijaly buržoazní výrobní způsob

it compels them to introduce what it calls civilisation into their midst

nutí je, aby do svého středu zavedli to, co nazývá civilizací

The Bourgeoisie force the barbarians to become Bourgeoisie themselves

Buržoazie nutí barbary, aby se sami stali buržoazií

in a word, the Bourgeoisie creates a world after its own image

jedním slovem, buržoazie si vytváří svět k obrazu svému

The Bourgeoisie has subjected the countryside to the rule of the towns

Buržoazie podřídila venkov panství měst

It has created enormous cities and greatly increased the urban population

Vytvořila obrovská města a výrazně zvýšila městskou populaci

it rescued a considerable part of the population from the idiocy of rural life

zachránila značnou část obyvatelstva před idiocií venkovského života

but it has made those in the the countryside dependent on the towns

ale učinila lidi na venkově závislými na městech

and likewise, it has made the barbarian countries dependent on the civilised ones

a stejně tak učinila barbarské země závislými na zemích civilizovaných

nations of peasants on nations of Bourgeoisie, the East on the West

národy rolníků proti národům buržoazie, Východ proti Západu

The Bourgeoisie does away with the scattered state of the population more and more

Buržoazie stále více odstraňuje roztříštěnost obyvatelstva

It has agglomerated production, and has concentrated property in a few hands

Má aglomerovanou výrobu a soustředí majetek v několika málo rukou

The necessary consequence of this was political centralisation

Nutným důsledkem toho byla politická centralizace

there had been independent nations and loosely connected provinces

existovaly nezávislé národy a volně propojené provincie

they had separate interests, laws, governments and systems of taxation

Měli odlišné zájmy, zákony, vlády a daňové systémy

but they have become lumped together into one nation, with one government

Ale byli hozeni do jednoho pytle do jednoho národa s jednou vládou

they now have one national class-interest, one frontier and one customs-tariff

Mají nyní jeden národní třídní zájem, jednu hranici a jeden celní tarif

and this national class-interest is unified under one code of law

a tento národní třídní zájem je sjednocen v jednom zákoníku

the Bourgeoisie has achieved much during its rule of scarce one hundred years

buržoazie dosáhla za své panství trvající sotva sto let mnohého

more massive and colossal productive forces than have all preceding generations together

masivnější a kolosálnější výrobní síly, než měly všechny předchozí generace dohromady

Nature's forces are subjugated to the will of man and his machinery

Síly přírody jsou podřízeny vůli člověka a jeho strojů

chemistry is applied to all forms of industry and types of agriculture

chemie se uplatňuje ve všech formách průmyslu a druzích zemědělství

steam-navigation, railways, electric telegraphs, and the printing press

paroplavba, železnice, elektrický telegraf a tiskařský lis

clearing of whole continents for cultivation, canalisation of rivers

mýcení celých kontinentů pro obdělávání, splavňování řek

whole populations have been conjured out of the ground and put to work

Celé populace byly vyrvány ze země a dány do práce

what earlier century had even a presentiment of what could be unleashed?

V jakém dřívějším století byla jen předtucha toho, co by mohlo být rozpoutáno?

who predicted that such productive forces slumbered in the lap of social labour?

Kdo předpověděl, že takové výrobní síly dřímají v klíně společenské práce?

we see then that the means of production and of exchange were generated in feudal society

Vidíme tedy, že výrobní a směnné prostředky byly vytvořeny ve feudální společnosti

the means of production on whose foundation the Bourgeoisie built itself up

výrobních prostředků, na jejichž základech se buržoazie vybudovala

At a certain stage in the development of these means of production and of exchange

Na určitém stupni vývoje těchto výrobních a směnných prostředků

the conditions under which feudal society produced and exchanged

podmínky, za nichž feudální společnost vyráběla a směňovala

the feudal organisation of agriculture and manufacturing industry

feudální organizace zemědělství a manufakturního průmyslu

the feudal relations of property were no longer compatible with the material conditions

feudální vlastnické vztahy již nebyly slučitelné s materiálními podmínkami

They had to be burst asunder, so they were burst asunder

Musely být roztrhány vedví, takže byly roztrhány vedví

Into their place stepped free competition from the productive forces

Na jejich místo nastoupila volná konkurence výrobních sil

and they were accompanied by a social and political constitution adapted to it

a byly doprovázeny společenským a politickým zřízením, které mu bylo přizpůsobeno

and it was accompanied by the economical and political sway of the Bourgeoisie class

a byla doprovázena ekonomickým a politickým panstvím buržoazní třídy

A similar movement is going on before our own eyes

Podobný pohyb se odehrává před našima vlastníma očima

Modern Bourgeoisie society with its relations of production, and of exchange, and of property

Moderní buržoazní společnost se svými výrobními vztahy, směnnými a vlastnickými vztahy

a society that has conjured up such gigantic means of production and of exchange

Společnost, která vykouzlila tak gigantické výrobní a směnné prostředky

it is like the sorcerer who called up the powers of the nether world

Je to jako s čarodějem, který vyvolal síly podsvětí

but he is no longer able to control what he has brought into the world

On však již není schopen ovládat to, co přinesl na svět

For many a decade past history was tied together by a common thread

Po mnoho desetiletí byly minulé dějiny svázány společnou nití

the history of industry and commerce has been but the history of revolts

Dějiny průmyslu a obchodu nebyly ničím jiným než dějinami vzpour

the revolts of modern productive forces against modern conditions of production

Vzpoury moderních výrobních sil proti moderním výrobním podmínkám

the revolts of modern productive forces against property relations

Vzpoury moderních výrobních sil proti vlastnickým vztahům

these property relations are the conditions for the existence of the Bourgeoisie

tyto vlastnické vztahy jsou podmínkami existence buržoazie

and the existence of the Bourgeoisie determines the rules for property relations

a existence buržoazie určuje pravidla vlastnických vztahů

it is enough to mention the periodical return of commercial crises

Stačí se zmínit o periodickém návratu obchodních krizí

each commercial crisis is more threatening to Bourgeoisie society than the last

každá obchodní krize ohrožuje buržoazní společnost více než ta předchozí

In these crises a great part of the existing products are destroyed

V těchto krizích je zničena velká část stávajících produktů

but these crises also destroy the previously created productive forces

Tyto krize však také ničí dříve vytvořené výrobní síly

in all earlier epochs these epidemics would have seemed an absurdity

Ve všech dřívějších dobách by se tyto epidemie zdály být absurditou

because these epidemics are the commercial crises of over-production

neboť tyto epidemie jsou obchodními krizemi z nadvýroby

Society suddenly finds itself put back into a state of momentary barbarism

Společnost se náhle ocitá zpět ve stavu momentálního barbarství

as if a universal war of devastation had cut off every means of subsistence

jako by všeobecná ničivá válka odřízla všechny prostředky k obživě

industry and commerce seem to have been destroyed; and why?

průmysl a obchod se zdají být zničeny; A proč?

Because there is too much civilisation and means of subsistence

Protože je příliš mnoho civilizace a prostředků k obživě

and because there is too much industry, and too much commerce

a protože je příliš mnoho průmyslu a příliš mnoho obchodu

The productive forces at the disposal of society no longer develop Bourgeoisie property

Výrobní síly, které má společnost k dispozici, již nerozvíjejí buržoazní vlastnictví

on the contrary, they have become too powerful for these conditions, by which they are fettered

naopak, stali se příliš mocnými pro tyto poměry, kterými jsou spoutáni

as soon as they overcome these fetters, they bring disorder into the whole of Bourgeoisie society

jakmile tyto okovy překročí, vnášejí nepořádek do celé buržoazní společnosti

and the productive forces endanger the existence of Bourgeoisie property

a výrobní síly ohrožují existenci buržoazního vlastnictví

The conditions of Bourgeoisie society are too narrow to comprise the wealth created by them

Podmínky buržoazní společnosti jsou příliš úzké, než aby obsáhly bohatství, které vytvořila.

And how does the Bourgeoisie get over these crises?

A jak se buržoazie dostane z těchto krizí?

On the one hand, it overcomes these crises by the enforced destruction of a mass of productive forces

Na jedné straně tyto krize překonává násilným ničením masy výrobních sil

on the other hand, it overcomes these crises by the conquest of new markets

Na druhé straně překonává tyto krize dobýváním nových trhů

and it overcomes these crises by the more thorough exploitation of the old forces of production

a tyto krize překonává důkladnějším využíváním starých výrobních sil

That is to say, by paving the way for more extensive and more destructive crises

To znamená tím, že vydláždí cestu rozsáhlejším a ničivějším krizím

it overcomes the crisis by diminishing the means whereby crises are prevented

překonává krizi tím, že oslabuje prostředky, jimiž lze krizím předcházet

The weapons with which the Bourgeoisie felled feudalism to the ground are now turned against itself

Zbraně, kterými buržoazie srazila feudalismus k zemi, se nyní obrací proti ní samé

But not only has the Bourgeoisie forged the weapons that bring death to itself

Ale buržoazie nejen ukovala zbraně, které jí přinášejí smrt

it has also called into existence the men who are to wield those weapons

Také povolala k životu muže, kteří mají tyto zbraně nosit

and these men are the modern working class; they are the proletarians

a tito lidé jsou moderní dělnickou třídou; Jsou to proletáři

In proportion as the Bourgeoisie is developed, in the same proportion is the Proletariat developed

Tou měrou, jak se rozvíjí buržoazie, tou měrou se rozvíjí i proletariát

the modern working class developed a class of labourers

Moderní dělnická třída vytvořila třídu dělníků

this class of labourers live only so long as they find work

Tato třída dělníků žije jen tak dlouho, dokud najde práci

and they find work only so long as their labour increases capital

a práci nacházejí jen tak dlouho, dokud jejich práce rozmnožuje kapitál

These labourers, who must sell themselves piece-meal, are a commodity

Tito dělníci, kteří se musí prodávat po částech, jsou zbožím

these labourers are like every other article of commerce

Tito dělníci jsou jako každý jiný obchodní artikl

and they are consequently exposed to all the vicissitudes of competition

a proto jsou vystaveni všem překážkám konkurence

they have to weather all the fluctuations of the market

Musí přečkat všechny výkyvy trhu

Owing to the extensive use of machinery and to division of labour

Vzhledem k rozsáhlému používání strojů a dělbě práce

the work of the proletarians has lost all individual character

Práce proletářů ztratila veškerý individuální charakter

and consequently, the work of the proletarians has lost all charm for the workman

a v důsledku toho ztratila práce proletářů pro dělníka veškeré kouzlo

He becomes an appendage of the machine, rather than the man he once was

Stává se přívěskem stroje, spíše než člověkem, kterým kdysi byl

only the most simple, monotonous, and most easily acquired knack is required of him

Vyžaduje se od něj jen ta nejprostší, jednotvárná a nejsnáze nabytá dovednost

Hence, the cost of production of a workman is restricted

Výrobní náklady dělníka jsou tedy omezeny

it is restricted almost entirely to the means of subsistence that he requires for his maintenance

je omezena téměř výhradně na prostředky k obživě, které potřebuje ke své obživě

and it is restricted to the means of subsistence that he requires for the propagation of his race

a je omezena na prostředky k obživě, které potřebuje k rozmnožení své rasy

But the price of a commodity, and therefore also of labour, is equal to its cost of production

Ale cena zboží, a tedy i cena práce, se rovná jeho výrobním nákladům

In proportion, therefore, as the repulsiveness of the work increases, the wage decreases

Tou měrou, jak vzrůstá odpudivost práce, klesá tedy i mzda

Nay, the repulsiveness of his work increases at an even greater rate

Ba naopak, odpudivost jeho práce stoupá ještě více

as the use of machinery and division of labour increases, so does the burden of toil

S tím, jak se zvyšuje používání strojů a dělba práce, vzrůstá i břemeno dřiny

the burden of toil is increased by prolongation of the working hours

Břemeno dřiny se zvyšuje prodlužováním pracovní doby

more is expected of the labourer in the same time as before

Od dělníka se očekává více ve stejné době jako dříve

and of course the burden of the toil is increased by the speed of the machinery

a samozřejmě, že břemeno dřiny se zvyšuje s rychlostí strojů

Modern industry has converted the little workshop of the patriarchal master into the great factory of the industrial capitalist

Velký průmysl přeměnil malou dílnu patriarchálního mistra ve velkou továrnu průmyslového kapitalisty

Masses of labourers, crowded into the factory, are organised like soldiers

Masy dělníků, namačkaných v továrně, jsou organizovány jako vojáci

As privates of the industrial army they are placed under the command of a perfect hierarchy of officers and sergeants

Jako vojíni průmyslové armády jsou postaveni pod velení dokonalé hierarchie důstojníků a seržantů

they are not only the slaves of the Bourgeoisie class and State

nejsou to jen otroci buržoazní třídy a státu

but they are also daily and hourly enslaved by the machine

ale jsou také denně a každou hodinu zotročováni strojem

they are enslaved by the over-looker, and, above all, by the individual Bourgeoisie manufacturer himself

jsou zotročeni dohlížejícím a především samotným
jednotlivým buržoazním továrníkem

**The more openly this despotism proclaims gain to be its end
and aim, the more petty, the more hateful and the more
embittering it is**

Čím otevřeněji tento despotismus prohlašuje zisk za svůj cíl a
cíl, tím je malichernější, nenávistnější a trpčí

**the more modern industry becomes developed, the lesser are
the differences between the sexes**

Čím více se moderní průmysl vyvíjí, tím menší jsou rozdíly
mezi pohlavími

**The less the skill and exertion of strength implied in manual
labour, the more is the labour of men superseded by that of
women**

Čím méně zručnosti a námahy síly je v manuální práci
obsaženo, tím více je práce mužů nahrazována prací žen

**Differences of age and sex no longer have any distinctive
social validity for the working class**

Rozdíly ve věku a pohlaví již nemají pro dělnickou třídu
žádnou výraznou sociální platnost

**All are instruments of labour, more or less expensive to use,
according to their age and sex**

Všechny jsou to pracovní prostředky, jejichž použití je více či
méně nákladné, v závislosti na jejich věku a pohlaví

**as soon as the labourer receives his wages in cash, than he is
set upon by the other portions of the Bourgeoisie**

jakmile dělník dostane svou mzdu v hotovosti, pak se na něj
vrhnou ostatní části buržoazie

the landlord, the shopkeeper, the pawnbroker, etc

statkář, kramář, zastavárník atd.

**The lower strata of the middle class; the small trades people
and shopkeepers**

Nižší vrstvy střední třídy; drobní živnostníci a kramáři

**the retired tradesmen generally, and the handicraftsmen and
peasants**

vůbec pro vysloužilé řemeslníky, pro domácké výrobce a
rolníky

all these sink gradually into the Proletariat

to vše se postupně noří do proletariátu

**partly because their diminutive capital does not suffice for
the scale on which Modern Industry is carried on**

zčásti proto, že jejich nepatrný kapitál nestačí na rozsah, v
němž se provozuje velký průmysl

**and because it is swamped in the competition with the large
capitalists**

a protože je zavalena konkurencí s velkými kapitalisty

**partly because their specialized skill is rendered worthless
by the new methods of production**

částečně proto, že jejich specializovaná dovednost se novými
výrobními metodami stává bezcennou

**Thus the Proletariat is recruited from all classes of the
population**

Tak se proletariát rekrutuje ze všech tříd obyvatelstva

The Proletariat goes through various stages of development

Proletariát prochází různými stupni vývoje

With its birth begins its struggle with the Bourgeoisie

S jejím zrodem začíná její boj s buržoazií

At first the contest is carried on by individual labourers

Zpočátku je soutěž vedena jednotlivými dělníky

then the contest is carried on by the workpeople of a factory

pak v soutěži pokračují dělníci z továrny

**then the contest is carried on by the operatives of one trade,
in one locality**

pak je soutěž vedena dělníky jednoho řemesla na jednom
místě

**and the contest is then against the individual Bourgeoisie
who directly exploits them**

a pak se bojuje proti jednotlivé buržoazii, která je přímo
vykořisťuje

**They direct their attacks not against the Bourgeoisie
conditions of production**

Své útoky nezaměřují na buržoazní výrobní podmínky

but they direct their attack against the instruments of production themselves

Svůj útok však zaměřují proti samotným výrobním nástrojům

they destroy imported wares that compete with their labour

Ničí dovážené zboží, které konkuruje jejich pracovní síle

they smash to pieces machinery and they set factories ablaze

Rozbíjejí stroje na kusy a zapalují továrny

they seek to restore by force the vanished status of the workman of the Middle Ages

snaží se násilím obnovit zaniklé postavení středověkého dělníka

At this stage the labourers still form an incoherent mass scattered over the whole country

Na tomto stupni tvoří dělníci ještě nesourodou masu, roztroušenou po celé zemi

and they are broken up by their mutual competition

a jsou rozbity vzájemnou konkurencí

If anywhere they unite to form more compact bodies, this is not yet the consequence of their own active union

Spojí-li se někde v kompaktnější tělesa, není to ještě důsledek jejich vlastního činného spojení

but it is a consequence of the union of the Bourgeoisie, to attain its own political ends

ale je to důsledek sjednocení buržoazie, aby dosáhla svých vlastních politických cílů

the Bourgeoisie is compelled to set the whole Proletariat in motion

buržoazie je nucena uvést do pohybu celý proletariát

and moreover, for a time being, the Bourgeoisie is able to do so

a kromě toho je toho buržoazie prozatím schopna

At this stage, therefore, the proletarians do not fight their enemies

V této fázi tedy proletáři nebojují proti svým nepřátelům

but instead they are fighting the enemies of their enemies

ale místo toho bojují proti nepřátelům svých nepřátel

the fight the remnants of absolute monarchy and the landowners

boj proti zbytkům absolutní monarchie a statkářům

they fight the non-industrial Bourgeoisie; the petty Bourgeoisie

bojují proti neprůmyslové buržoazii; maloburžoazie

Thus the whole historical movement is concentrated in the hands of the Bourgeoisie

Tak je celý historický pohyb soustředěn v rukou buržoazie

every victory so obtained is a victory for the Bourgeoisie

každé takto získané vítězství je vítězstvím buržoazie

But with the development of industry the Proletariat not only increases in number

Ale s rozvojem průmyslu proletariát nejen vzrůstá co do počtu

the Proletariat becomes concentrated in greater masses and its strength grows

proletariát se koncentruje ve větších masách a jeho síla roste

and the Proletariat feels that strength more and more

a proletariát pociťuje tuto sílu stále více a více

The various interests and conditions of life within the ranks of the Proletariat are more and more equalised

Různé zájmy a životní podmínky v řadách proletariátu se stále více vyrovnávají

they become more in proportion as machinery obliterates all distinctions of labour

stávají se tím měrnějšími, jak stroje stírají všechny rozdíly v práci

and machinery nearly everywhere reduces wages to the same low level

a stroje téměř všude snižují mzdu na stejně nízkou úroveň

The growing competition among the Bourgeoisie, and the resulting commercial crises, make the wages of the workers ever more fluctuating

Vzrůstající konkurence mezi buržoazií a z ní vyplývající obchodní krize způsobují, že mzdy dělníků stále více kolísají

The unceasing improvement of machinery, ever more rapidly developing, makes their livelihood more and more precarious

Neustálé zdokonalování strojů, které se stále rychleji rozvíjí, činí jejich živobytí stále nejistějším

the collisions between individual workmen and individual Bourgeoisie take more and more the character of collisions between two classes

srážky mezi jednotlivými dělníky a jednotlivou buržoazií nabývají stále více charakteru srážek mezi dvěma třídami

Thereupon the workers begin to form combinations (Trades Unions) against the Bourgeoisie

Nato dělníci začínají vytvářet spolčení (odbory) proti buržoazii

they club together in order to keep up the rate of wages

sdružují se, aby udrželi mzdu na vzestupu

they found permanent associations in order to make provision beforehand for these occasional revolts

Založili stálé spolky, aby se předem připravili na tyto občasné vzpoury

Here and there the contest breaks out into riots

Tu a tam propukne soutěž v nepokoje

Now and then the workers are victorious, but only for a time

Tu a tam zvítězí dělníci, ale jen na čas

The real fruit of their battles lies, not in the immediate result, but in the ever-expanding union of the workers

Skutečné plody jejich bojů nespočívají v bezprostředním výsledku, nýbrž ve stále se rozšiřujícím svazku dělníků

This union is helped on by the improved means of communication that are created by modern industry

Tomuto spojení napomáhají zdokonalené komunikační prostředky, které vytváří moderní průmysl

modern communication places the workers of different localities in contact with one another

moderní komunikace umožňuje pracovníkům z různých lokalit vzájemný kontakt

It was just this contact that was needed to centralise the numerous local struggles into one national struggle between classes

A právě tohoto kontaktu bylo zapotřebí k tomu, aby se četné místní boje soustředily do jednoho národního boje mezi třídami

all of these struggles are of the same character, and every class struggle is a political struggle

Všechny tyto boje mají týž charakter a každý třídní boj je bojem politickým

the burghers of the Middle Ages, with their miserable highways, required centuries to form their unions

středověkým měšťanům s jejich bídnými cestami trvalo staletí, než utvořili své svazky

the modern proletarians, thanks to railways, achieve their unions within a few years

Moderní proletáři díky železnicím dosáhnou svých odborů během několika let

This organisation of the proletarians into a class consequently formed them into a political party

Tato organizace proletářů ve třídu z nich následně zformovala politickou stranu

the political class is continually being upset again by the competition between the workers themselves

Politická třída je neustále znovu rozrušována konkurencí mezi samotnými dělníky

But the political class continues to rise up again, stronger, firmer, mightier

Politická třída však opět povstává, silnější, pevnější a mocnější

It compels legislative recognition of particular interests of the workers

Vyžaduje legislativní uznání partikulárních zájmů pracujících

it does this by taking advantage of the divisions among the Bourgeoisie itself

dělá to tak, že využívá rozdílů mezi samotnou buržoazií

Thus the ten-hours' bill in England was put into law

Tak byl v Anglii uzákoněn zákon o desetihodinové pracovní době

in many ways the collisions between the classes of the old society further is the course of development of the Proletariat

v mnoha ohledech jsou srážky mezi třídami staré společnosti dalším směrem vývoje proletariátu

The Bourgeoisie finds itself involved in a constant battle

Buržoazie se ocitá v neustálém boji

At first it will find itself involved in a constant battle with the aristocracy

Zpočátku se ocitne v neustálém boji s aristokracií

later on it will find itself involved in a constant battle with those portions of the Bourgeoisie itself

později se ocitne v neustálém boji s těmi částmi buržoazie samotné

and their interests will have become antagonistic to the progress of industry

a jejich zájmy se stanou protichůdnými pokroku průmyslu

at all times, their interests will have become antagonistic with the Bourgeoisie of foreign countries

jejich zájmy se budou vždy stavět do rozporu s buržoazií cizích zemí

In all these battles it sees itself compelled to appeal to the Proletariat, and asks for its help

Ve všech těchto bojích se cítí být nucena obracet se na proletariát a žádá ho o pomoc

and thus, it will feel compelled to drag it into the political arena

a tak se bude cítit nucen zatáhnout ji do politické arény

The Bourgeoisie itself, therefore, supplies the Proletariat with its own instruments of political and general education

Buržoazie sama proto dodává proletariátu své vlastní nástroje politického a všeobecného vzdělání

in other words, it furnishes the Proletariat with weapons for fighting the Bourgeoisie

jinými slovy, vybavuje proletariát zbraněmi k boji proti
buržoazii

**Further, as we have already seen, entire sections of the
ruling classes are precipitated into the Proletariat**

Dále, jak jsme již viděli, jsou celé vrstvy vládnoucích tříd
vrženy do proletariátu

the advance of industry sucks them into the Proletariat

pokrok průmyslu je vtahuje do proletariátu

**or, at least, they are threatened in their conditions of
existence**

nebo jsou alespoň ohroženi ve svých existenčních podmínkách

**These also supply the Proletariat with fresh elements of
enlightenment and progress**

Ty také dodávají proletariátu nové prvky osvícení a pokroku

**Finally, in times when the class struggle nears the decisive
hour**

A konečně v dobách, kdy se třídní boj blíží k rozhodující
hodině

the process of dissolution going on within the ruling class

proces rozkladu probíhající uvnitř vládnoucí třídy

**in fact, the dissolution going on within the ruling class will
be felt within the whole range of society**

Ve skutečnosti rozklad, který probíhá uvnitř vládnoucí třídy,
bude pociťován v celé škále společnosti

**it will take on such a violent, glaring character, that a small
section of the ruling class cuts itself adrift**

Nabude tak násilného, do očí bijícího charakteru, že malá část
vládnoucí třídy se odřízne od moře

and that ruling class will join the revolutionary class

a že vládnoucí třída se připojí k revoluční třídě

**the revolutionary class being the class that holds the future
in its hands**

Revoluční třída je třídou, která drží budoucnost ve svých
rukou

**Just as at an earlier period, a section of the nobility went
over to the Bourgeoisie**

Tak jako v dřívějších dobách přešla část šlechty k buržoazii
the same way a portion of the Bourgeoisie will go over to the Proletariat
stejně tak část buržoazie přejde k proletariátu
in particular, a portion of the Bourgeoisie will go over to a portion of the Bourgeoisie ideologists
zejména část buržoazie přejde k části buržoazních ideologů
Bourgeoisie ideologists who have raised themselves to the level of comprehending theoretically the historical movement as a whole
Buržoazní ideologové, kteří se povznesli na úroveň teoretického chápání historického hnutí jako celku
Of all the classes that stand face to face with the Bourgeoisie today, the Proletariat alone is a really revolutionary class
Ze všech tříd, které dnes stojí proti buržoazii, je jedině proletariát skutečně revoluční třídou
The other classes decay and finally disappear in the face of Modern Industry
Ostatní třídy upadají a nakonec mizí před velkým průmyslem
the Proletariat is its special and essential product
proletariát je jeho zvláštním a podstatným produktem
The lower middle class, the small manufacturer, the shopkeeper, the artisan, the peasant
Nižší střední třída, drobný továrník, kramář, řemeslník, rolník
all these fight against the Bourgeoisie
všechny tyto boje proti buržoazii
they fight as fractions of the middle class to save themselves from extinction
Bojují jako frakce střední třídy, aby se zachránili před vyhynutím
They are therefore not revolutionary, but conservative
Nejsou tedy revoluční, ale konzervativní
Nay more, they are reactionary, for they try to roll back the wheel of history
Ba co víc, jsou reakcionáři, protože se snaží vrátit kolo dějin zpět

If by chance they are revolutionary, they are so only in view of their impending transfer into the Proletariat

Jsou-li revoluční náhodou, jsou revoluční jen s ohledem na svůj blížící se přechod do proletariátu

they thus defend not their present, but their future interests

Nehájí tak své nynější, nýbrž budoucí zájmy

they desert their own standpoint to place themselves at that of the Proletariat

opouštějí své vlastní stanovisko, aby se postavili na stanovisko proletariátu

The "dangerous class," the social scum, that passively rotting mass thrown off by the lowest layers of old society

"Nebezpečná třída", sociální spodina, ta pasivně hnijící masa odvržená nejnižšími vrstvami staré společnosti

they may, here and there, be swept into the movement by a proletarian revolution

Tu a tam mohou být vtaženi do hnutí proletářskou revolucí

its conditions of life, however, prepare it far more for the part of a bribed tool of reactionary intrigue

Jeho životní podmínky jej však mnohem více připravují k úplatku jako podplacený nástroj reakčních intrik

In the conditions of the Proletariat, those of old society at large are already virtually swamped

V podmínkách proletariátu jsou lidé staré společnosti jako celku již prakticky zaplaveni

The proletarian is without property

Proletář je bez majetku

his relation to his wife and children has no longer anything in common with the Bourgeoisie's family-relations

jeho vztah k ženě a dětem už nemá nic společného s rodinnými vztahy buržoazie

modern industrial labour, modern subjection to capital, the same in England as in France, in America as in Germany

moderní průmyslová práce, moderní podřízenost kapitálu, stejná v Anglii jako ve Francii, v Americe jako v Německu

his condition in society has stripped him of every trace of national character

Jeho postavení ve společnosti ho zbavilo všech stop národního charakteru

Law, morality, religion, are to him so many Bourgeoisie prejudices

Zákon, morálka, náboženství jsou pro něj tolik buržoazních předsudků

and behind these prejudices lurk in ambush just as many Bourgeoisie interests

a za těmito předsudky číhá v záloze právě tolik buržoazních zájmů

All the preceding classes that got the upper hand, sought to fortify their already acquired status

Všechny předchozí třídy, které získaly převahu, se snažily upevnit své již nabyté postavení

they did this by subjecting society at large to their conditions of appropriation

Činili tak tím, že společnost jako celek podřizovali svým podmínkám přivlastňování

The proletarians cannot become masters of the productive forces of society

Proletáři se nemohou stát pány výrobních sil společnosti

it can only do this by abolishing their own previous mode of appropriation

Toho může dosáhnout pouze tím, že zruší svůj vlastní předchozí způsob přivlastňování

and thereby it also abolishes every other previous mode of appropriation

a tím také ruší všechny ostatní dosavadní způsoby přivlastňování

They have nothing of their own to secure and to fortify

Nemají nic vlastního, co by mohli zabezpečit a opevnit

their mission is to destroy all previous securities for, and insurances of, individual property

Jejich posláním je zničit všechny předchozí záruky a pojištění individuálního majetku

All previous historical movements were movements of minorities

Všechna předchozí historická hnutí byla hnutími menšin

or they were movements in the interests of minorities

nebo to byla hnutí v zájmu menšin

The proletarian movement is the self-conscious, independent movement of the immense majority

Proletářské hnutí je sebeuvědomělé, samostatné hnutí obrovské většiny

and it is a movement in the interests of the immense majority

a je to hnutí v zájmu obrovské většiny

The Proletariat, the lowest stratum of our present society

Proletariát, nejnižší vrstva naší nynější společnosti

it cannot stir or raise itself up without the whole superincumbent strata of official society being sprung into the air

nemůže se pohnout ani povznést, aniž by se do povětří nevznesly všechny vládnoucí vrstvy oficiální společnosti

Though not in substance, yet in form, the struggle of the Proletariat with the Bourgeoisie is at first a national struggle

Boj proletariátu s buržoazií, i když ne obsahem, přece formou, je zprvu bojem národním

The Proletariat of each country must, of course, first of all settle matters with its own Bourgeoisie

Proletariát každé země si ovšem musí nejprve vyřídit věci se svou vlastní buržoazií

In depicting the most general phases of the development of the Proletariat, we traced the more or less veiled civil war

Při líčení nejobecnějších fází vývoje proletariátu jsme sledovali více či méně zastřenou občanskou válku

this civil is raging within existing society

Toto občanské zuří v nynější společnosti

it will rage up to the point where that war breaks out into open revolution

Bude zuřit až do bodu, kdy válka vypukne v otevřenou revoluci

and then the violent overthrow of the Bourgeoisie lays the foundation for the sway of the Proletariat

a pak násilné svržení buržoazie položí základ pro vládu proletariátu

Hitherto, every form of society has been based, as we have already seen, on the antagonism of oppressing and oppressed classes

Až dosud byla, jak jsme již viděli, každá forma společnosti založena na protikladu utlačujících a utlačovaných tříd

But in order to oppress a class, certain conditions must be assured to it

Aby však mohla třída utlačovat, musí jí být zajištěny určité podmínky

the class must be kept under conditions in which it can, at least, continue its slavish existence

Třída musí být udržována za podmínek, v nichž může přinejmenším pokračovat ve své otrocké existenci

The serf, in the period of serfdom, raised himself to membership in the commune

Nevolník se v době nevolnictví povýšil na člena komuny

just as the petty Bourgeoisie, under the yoke of feudal absolutism, managed to develop into a Bourgeoisie

stejně jako se maloburžoazie pod jařmem feudálního absolutismu dokázala vyvinout v buržoazii

The modern labourer, on the contrary, instead of rising with the progress of industry, sinks deeper and deeper

Naproti tomu moderní dělník, místo aby stoupal s pokrokem průmyslu, klesá stále hlouběji a hlouběji

he sinks below the conditions of existence of his own class

klesá pod existenční podmínky své vlastní třídy

He becomes a pauper, and pauperism develops more rapidly than population and wealth

Stává se žebrákem a pauperismus se rozvíjí rychleji než obyvatelstvo a bohatství

And here it becomes evident, that the Bourgeoisie is unfit any longer to be the ruling class in society

A zde se ukazuje, že buržoazie už není způsobilá být vládnoucí třídou ve společnosti

and it is unfit to impose its conditions of existence upon society as an over-riding law

a není způsobilá vnucovat společnosti své existenční podmínky jako nadřazený zákon

It is unfit to rule because it is incompetent to assure an existence to its slave within his slavery

Je nezpůsobilé vládnout, protože není schopno zajistit svému otroku existenci v jeho otroctví

because it cannot help letting him sink into such a state, that it has to feed him, instead of being fed by him

neboť ho nemůže nenechat klesnout do takového stavu, že ho musí živit, místo aby jím krmil

Society can no longer live under this Bourgeoisie

Pod touto buržoazií již společnost nemůže žít

in other words, its existence is no longer compatible with society

jinými slovy, jeho existence již není slučitelná se společností

The essential condition for the existence, and for the sway of the Bourgeoisie class, is the formation and augmentation of capital

Podstatnou podmínkou existence a vlády buržoazní třídy je vytváření a rozmnožování kapitálu

the condition for capital is wage-labour

Podmínkou kapitálu je námezdní práce

Wage-labour rests exclusively on competition between the labourers

Námezdní práce spočívá výhradně na konkurenci mezi dělníky

The advance of industry, whose involuntary promoter is the Bourgeoisie, replaces the isolation of the labourers

Pokrok průmyslu, jehož bezděčným podporovatelem je buržoazie, nahrazuje izolaci dělníků

due to competition, due to their revolutionary combination, due to association

kvůli soutěži, kvůli jejich revolučnímu spojení, kvůli asociaci

The development of Modern Industry cuts from under its feet the very foundation on which the Bourgeoisie produces and appropriates products

Rozvoj velkého průmyslu podřezává pod jeho nohama samotné základy, na nichž buržoazie vyrábí a přivlastňuje si výrobky

What the Bourgeoisie produces, above all, is its own grave-diggers

Buržoazie produkuje především své vlastní hrobaře

The fall of the Bourgeoisie and the victory of the Proletariat are equally inevitable

Pád buržoazie i vítězství proletariátu jsou stejně nevyhnutelné

Proletarians and Communists
Proletáři a komunisté

In what relation do the Communists stand to the proletarians as a whole?

V jakém poměru jsou komunisté k proletářům jako celku?

The Communists do not form a separate party opposed to other working-class parties

Komunisté netvoří samostatnou stranu, která by stála v opozici k ostatním dělnickým stranám

They have no interests separate and apart from those of the proletariat as a whole

Nemají žádné zájmy oddělené a oddělené od zájmů proletariátu jako celku

They do not set up any sectarian principles of their own, by which to shape and mould the proletarian movement

Nestanovují si žádné vlastní sektářské principy, podle kterých by utvářeli a formovali proletářské hnutí

The Communists are distinguished from the other working-class parties by only two things

Komunisté se od ostatních dělnických stran liší pouze dvěma věcmi

Firstly, they point out and bring to the front the common interests of the entire proletariat, independently of all nationality

Za prvé poukazují na společné zájmy celého proletariátu, nezávisle na jakékoli národnosti, a staví je do popředí

this they do in the national struggles of the proletarians of the different countries

To dělají v národních bojích proletářů různých zemí

Secondly, they always and everywhere represent the interests of the movement as a whole

Za druhé, vždy a všude zastupují zájmy hnutí jako celku

this they do in the various stages of development, which the struggle of the working class against the Bourgeoisie has to pass through

Dělají to na různých stupních vývoje, kterými musí projít boj dělnické třídy proti buržoazii

The Communists, therefore, are on the one hand, practically, the most advanced and resolute section of the working-class parties of every country

Komunisté jsou tedy na jedné straně prakticky nejpokrokovější a nejrozhodnější složkou dělnických stran všech zemí

they are that section of the working class which pushes forward all others

Jsou tou částí dělnické třídy, která tlačí vpřed všechny ostatní

theoretically, they also have the advantage of clearly understanding the line of march

teoreticky mají také tu výhodu, že jasně chápou linii pochodu

this they understand better compared the great mass of the proletariat

to chápou lépe ve srovnání s velkou masou proletariátu

they understand the conditions, and the ultimate general results of the proletarian movement

Chápou podmínky a konečné celkové výsledky proletářského hnutí

The immediate aim of the Communist is the same as that of all the other proletarian parties

Bezprostřední cíl komunistů je stejný jako cíl všech ostatních proletářských stran

their aim is the formation of the proletariat into a class

Jejich cílem je zformování proletariátu v třídu

they aim to overthrow the Bourgeoisie supremacy

jejich cílem je svrhnout nadvládu buržoazie

the strive for the conquest of political power by the proletariat

snaha o dobytí politické moci proletariátem

The theoretical conclusions of the Communists are in no way based on ideas or principles of reformers

Teoretické závěry komunistů se v žádném případě nezakládají na myšlenkách nebo zásadách reformátorů

it wasn't would-be universal reformers that invented or discovered the theoretical conclusions of the Communists

nebyli to rádoby univerzální reformátoři, kteří vymysleli nebo objevili teoretické závěry komunistů

They merely express, in general terms, actual relations springing from an existing class struggle

Vyjadřují jen obecně skutečné vztahy, které vyvěrají z existujícího třídního boje

and they describe the historical movement going on under our very eyes that have created this class struggle

a popisují historický pohyb probíhající před našima očima, který vytvořil tento třídní boj

The abolition of existing property relations is not at all a distinctive feature of Communism

Zrušení dosavadních vlastnických vztahů není vůbec charakteristickým rysem komunismu

All property relations in the past have continually been subject to historical change

Všechny majetkové vztahy v minulosti neustále podléhají historickým změnám

and these changes were consequent upon the change in historical conditions

a tyto změny byly důsledkem změny historických podmínek

The French Revolution, for example, abolished feudal property in favour of Bourgeoisie property

Francouzská revoluce například zrušila feudální vlastnictví ve prospěch buržoazního vlastnictví

The distinguishing feature of Communism is not the abolition of property, generally

Charakteristickým rysem komunismu není zrušení vlastnictví obecně

but the distinguishing feature of Communism is the abolition of Bourgeoisie property

ale charakteristickým rysem komunismu je zrušení buržoazního vlastnictví

But modern Bourgeoisie private property is the final and most complete expression of the system of producing and appropriating products

Ale moderní buržoazní soukromé vlastnictví je posledním a nejúplnějším výrazem systému výroby a přivlastňování výrobků

it is the final state of a system that is based on class antagonisms, where class antagonism is the exploitation of the many by the few

Je to konečný stav systému, který je založen na třídních antagonismech, kde třídní antagonismus je vykořisťováním většiny několika málo lidmi

In this sense, the theory of the Communists may be summed up in the single sentence; the Abolition of private property

V tomto smyslu lze teorii komunistů shrnout do jediné věty; Zrušení soukromého vlastnictví

We Communists have been reproached with the desire of abolishing the right of personally acquiring property

Nám komunistům bylo vyčítáno, že si přejeme zrušit právo na osobní nabývání majetku

it is claimed that this property is the fruit of a man's own labour

Tvrdí se, že tato vlastnost je plodem vlastní práce člověka

and this property is alleged to be the groundwork of all personal freedom, activity and independence.

a toto vlastnictví je údajně základem veškeré osobní svobody, aktivity a nezávislosti.

"Hard-won, self-acquired, self-earned property!"

"Těžce vydobytý, samostatný, samostatně vydělaný majetek!"

Do you mean the property of the petty artisan and of the small peasant?

Myslíte vlastnictví drobného řemeslníka a drobného rolníka?

Do you mean a form of property that preceded the Bourgeoisie form?

Máte na mysli formu vlastnictví, která předcházela buržoazní formě?

There is no need to abolish that, the development of industry has to a great extent already destroyed it

To není třeba rušit, rozvoj průmyslu je již do značné míry zničil

and development of industry is still destroying it daily

a rozvoj průmyslu ji stále denně ničí

Or do you mean modern Bourgeoisie private property?

Nebo máte na mysli moderní buržoazní soukromé vlastnictví?

But does wage-labour create any property for the labourer?

Vytváří však námezdní práce pro dělníka nějaké vlastnictví?

no, wage labour creates not one bit of this kind of property!

Ne, námezdní práce nevytváří ani kousek tohoto druhu vlastnictví!

what wage labour does create is capital; that kind of property which exploits wage-labour

to, co námezdní práce vytváří, je kapitál; ten druh vlastnictví, který vykořisťuje námezdní práci

capital cannot increase except upon condition of begetting a new supply of wage-labour for fresh exploitation

Kapitál se může zvětšovat jen za podmínky, že zplodí novou zásobu námezdní práce pro nové vykořisťování

Property, in its present form, is based on the antagonism of capital and wage-labour

Vlastnictví ve své nynější formě se zakládá na protikladu mezi kapitálem a námezdní prací

Let us examine both sides of this antagonism

Prozkoumejme obě stránky tohoto protikladu

To be a capitalist is to have not only a purely personal status

Být kapitalistou neznamená mít jen čistě osobní status

instead, to be a capitalist is also to have a social status in production

Být kapitalistou znamená mít také společenské postavení ve výrobě

because capital is a collective product; only by the united action of many members can it be set in motion

protože kapitál je kolektivní produkt; Pouze společnou akcí mnoha členů může být uveden do pohybu

but this united action is a last resort, and actually requires all members of society

Ale tato společná akce je poslední možností a ve skutečnosti vyžaduje všechny členy společnosti

Capital does get converted into the property of all members of society

Kapitál se přeměňuje ve vlastnictví všech členů společnosti

but Capital is, therefore, not a personal power; it is a social power

ale kapitál tedy není osobní silou; je to společenská síla

so when capital is converted into social property, personal property is not thereby transformed into social property

Když se tedy kapitál přeměňuje ve společenské vlastnictví, nepřeměňuje se tím osobní vlastnictví ve společenské vlastnictví

It is only the social character of the property that is changed, and loses its class-character

Mění se jen společenský charakter vlastnictví, který ztrácí svůj třídní charakter

Let us now look at wage-labour

Podívejme se nyní na námezdní práci

The average price of wage-labour is the minimum wage, i.e., that quantum of the means of subsistence

Průměrná cena námezdní práce je minimální mzda, tj. množství životních prostředků

this wage is absolutely requisite in bare existence as a labourer

Tato mzda je naprosto nezbytná v pouhém bytí dělníka

What, therefore, the wage-labourer appropriates by means of his labour, merely suffices to prolong and reproduce a bare existence

To, co si tedy námezdní dělník svou prací přivlastňuje, stačí jen k tomu, aby prodloužilo a reprodukovalo jeho holou existenci

**We by no means intend to abolish this personal
appropriation of the products of labour**

V žádném případě nemáme v úmyslu zrušit toto osobní
přivlastňování produktů práce

**an appropriation that is made for the maintenance and
reproduction of human life**

přidělení určené na zachování a reprodukci lidského života

**such personal appropriation of the products of labour leave
no surplus wherewith to command the labour of others**

Takové osobní přivlastňování produktů práce nezanechává
žádný přebytek, kterým by bylo možné řídit práci druhých

**All that we want to do away with, is the miserable character
of this appropriation**

Jediné, čeho se chceme zbavit, je bídný charakter tohoto
přivlastňování

**the appropriation under which the labourer lives merely to
increase capital**

přivlastňování, v němž dělník žije jen proto, aby zvětšilo
kapitál

**he is allowed to live only in so far as the interest of the
ruling class requires it**

Je mu dovoleno žít jen do té míry, do jaké to vyžaduje zájem
vládnoucí třídy

**In Bourgeoisie society, living labour is but a means to
increase accumulated labour**

V buržoazní společnosti je živá práce jen prostředkem ke
zvýšení nahromaděné práce

**In Communist society, accumulated labour is but a means to
widen, to enrich, to promote the existence of the labourer**

V komunistické společnosti je nahromaděná práce jen
prostředkem k rozšíření, obohacení a podpoře existence
dělníka

**In Bourgeoisie society, therefore, the past dominates the
present**

V buržoazní společnosti proto minulost dominuje přítomnosti

in Communist society the present dominates the past

v komunistické společnosti převládá přítomnost nad minulostí

In Bourgeoisie society capital is independent and has individuality

V buržoazní společnosti je kapitál nezávislý a má individualitu

In Bourgeoisie society the living person is dependent and has no individuality

V buržoazní společnosti je živá osoba závislá a nemá žádnou individualitu

And the abolition of this state of things is called by the Bourgeoisie, abolition of individuality and freedom!

A zrušení tohoto stavu věcí nazývá buržoazie zrušením individuality a svobody!

And it is rightly called the abolition of individuality and freedom!

A právem se to nazývá zrušením individuality a svobody!

Communism aims for the abolition of Bourgeoisie individuality

Komunismus usiluje o zrušení buržoazní individuality

Communism intends for the abolition of Bourgeoisie independence

Komunismus má v úmyslu zrušit buržoazní samostatnost

Bourgeoisie freedom is undoubtedly what communism is aiming at

Buržoazní svoboda je nepochybně tím, o co komunismus usiluje

under the present Bourgeoisie conditions of production, freedom means free trade, free selling and buying

za současných buržoazních výrobních podmínek znamená svoboda volný obchod, volný prodej a nákup

But if selling and buying disappears, free selling and buying also disappears

Pokud ale zmizí prodej a nákup, zmizí i volný prodej a nákup

"brave words" by the Bourgeoisie about free selling and buying only have meaning in a limited sense

"Odvážná slova" buržoazie o volném prodeji a koupi mají smysl jen v omezeném smyslu

these words have meaning only in contrast with restricted selling and buying

Tato slova mají význam pouze v kontrastu s omezeným prodejem a nákupem

and these words have meaning only when applied to the fettered traders of the Middle Ages

a tato slova mají smysl jen tehdy, když se vztahují na spoutané obchodníky středověku

and that assumes these words even have meaning in a Bourgeoisie sense

a to předpokládá, že tato slova mají vůbec smysl v buržoazním smyslu

but these words have no meaning when they're being used to oppose the Communistic abolition of buying and selling

ale tato slova nemají žádný význam, když jsou používána jako odpor proti komunistickému zrušení kupování a prodávání

the words have no meaning when they're being used to oppose the Bourgeoisie conditions of production being abolished

tato slova nemají žádný význam, když jsou používána proti zrušení buržoazních výrobních podmínek

and they have no meaning when they're being used to oppose the Bourgeoisie itself being abolished

a nemají žádný význam, když jsou používány jako opozice proti zrušení samotné buržoazie

You are horrified at our intending to do away with private property

Jste zděšeni naším úmyslem odstranit soukromé vlastnictví

But in your existing society, private property is already done away with for nine-tenths of the population

Ale ve vaší nynější společnosti je soukromé vlastnictví pro devět desetin obyvatelstva již odstraněno

the existence of private property for the few is solely due to its non-existence in the hands of nine-tenths of the population

Existence soukromého vlastnictví pro hrstku je jen důsledkem toho, že neexistuje v rukou devíti desetin obyvatelstva

You reproach us, therefore, with intending to do away with a form of property

Vyčítáte nám tedy, že máme v úmyslu odstranit nějakou formu vlastnictví

but private property necessitates the non-existence of any property for the immense majority of society

ale soukromé vlastnictví vyžaduje, aby pro nesmírnou většinu společnosti neexistoval žádný majetek

In one word, you reproach us with intending to do away with your property

Jedním slovem, vyčítáte nám, že máme v úmyslu zbavit se vašeho majetku

And it is precisely so; doing away with your Property is just what we intend

A je tomu přesně tak; zbavit se vašeho majetku je přesně to, co máme v úmyslu

From the moment when labour can no longer be converted into capital, money, or rent

Od chvíle, kdy se práce již nemůže přeměnit v kapitál, peníze nebo rentu

when labour can no longer be converted into a social power capable of being monopolised

když práce již nemůže být přeměněna ve společenskou moc, která by mohla být monopolizována

from the moment when individual property can no longer be transformed into Bourgeoisie property

od okamžiku, kdy individuální vlastnictví již nemůže být přeměněno ve vlastnictví buržoazie

from the moment when individual property can no longer be transformed into capital

od okamžiku, kdy individuální vlastnictví již nemůže být přeměněno v kapitál

from that moment, you say individuality vanishes

Od té chvíle říkáte, že individualita mizí

You must, therefore, confess that by "individual" you mean no other person than the Bourgeoisie

Musíte tedy přiznat, že "jednotlivcem" nemyslíte nikoho jiného než buržoazii

you must confess it specifically refers to the middle-class owner of property

Musíte přiznat, že se konkrétně vztahuje na vlastníka majetku ze střední třídy

This person must, indeed, be swept out of the way, and made impossible

Tato osoba musí být přece smetena z cesty a znemožněna

Communism deprives no man of the power to appropriate the products of society

Komunismus nezbavuje nikoho moci přivlastňovat si produkty společnosti

all that Communism does is to deprive him of the power to subjugate the labour of others by means of such appropriation

vše, co komunismus dělá, je, že ho zbavuje moci podrobit si práci druhých prostřednictvím takového přivlastňování

It has been objected that upon the abolition of private property all work will cease

Někdo namítal, že po zrušení soukromého vlastnictví skončí veškerá práce

and it is then suggested that universal laziness will overtake us

a pak se naznačuje, že nás přemůže všeobecná lenost

According to this, Bourgeoisie society ought long ago to have gone to the dogs through sheer idleness

Podle toho měla buržoazní společnost už dávno jít k smrti z čiré zahálky

because those of its members who work, acquire nothing

protože ti z jejích členů, kteří pracují, nezískávají nic
and those of its members who acquire anything, do not work
a ti z jejích členů, kteří něco získají, nepracují
The whole of this objection is but another expression of the tautology
Celá tato námitka je jen jiným výrazem tautologie
there can no longer be any wage-labour when there is no longer any capital
Námezdní práce už nemůže existovat, když už není kapitál
there is no difference between material products and mental products
Není žádný rozdíl mezi materiálními produkty a duševními produkty
communism proposes both of these are produced in the same way
Komunismus navrhuje, že obojí je produkováno stejným způsobem
but the objections against the Communistic modes of producing these are the same
ale námitky proti komunistickým způsobům jejich výroby jsou stejné
to the Bourgeoisie the disappearance of class property is the disappearance of production itself
pro buržoazii je zánik třídního vlastnictví zánikem samotné výroby
so the disappearance of class culture is to him identical with the disappearance of all culture
Zánik třídní kultury je pro něj tedy totožný se zánikem veškeré kultury
That culture, the loss of which he laments, is for the enormous majority a mere training to act as a machine
Kultura, nad jejíž ztrátou běduje, je pro obrovskou většinu pouhým tréninkem k tomu, aby se chovala jako stroj
Communists very much intend to abolish the culture of Bourgeoisie property

Komunisté mají velmi v úmyslu zrušit kulturu buržoazního vlastnictví

But don't wrangle with us so long as you apply the standard of your Bourgeoisie notions of freedom, culture, law, etc

Ale nehádejte se s námi, pokud budete uplatňovat měřítka svých buržoazních představ o svobodě, kultuře, právu atd

Your very ideas are but the outgrowth of the conditions of your Bourgeoisie production and Bourgeoisie property

Vaše vlastní ideje jsou jen výsledkem podmínek vaší buržoazní výroby a buržoazního vlastnictví

just as your jurisprudence is but the will of your class made into a law for all

Tak jako vaše právní věda není ničím jiným než vůlí vaší třídy, která se stala zákonem pro všechny

the essential character and direction of this will are determined by the economical conditions your social class create

Základní charakter a směřování této vůle jsou určeny ekonomickými podmínkami, které vytváří vaše společenská třída

The selfish misconception that induces you to transform social forms into eternal laws of nature and of reason

Sobecký omyl, který vás vede k přeměně společenských forem ve věčné zákony přírody a rozumu

the social forms springing from your present mode of production and form of property

společenské formy, které vyrůstají z vašeho nynějšího výrobního způsobu a formy vlastnictví

historical relations that rise and disappear in the progress of production

historické vztahy, které vznikají a mizí v průběhu výroby

this misconception you share with every ruling class that has preceded you

Tuto mylnou představu sdílíte s každou vládnoucí třídou, která byla před vámi

What you see clearly in the case of ancient property, what you admit in the case of feudal property

Co jasně vidíte u starého vlastnictví, co připouštíte u feudálního vlastnictví

these things you are of course forbidden to admit in the case of your own Bourgeoisie form of property

tyto věci je vám ovšem zakázáno připustit, jde-li o vaši vlastní buržoazní formu vlastnictví

Abolition of the family! Even the most radical flare up at this infamous proposal of the Communists

Zrušení rodiny! Dokonce i ti nejradikálnější vzplanuli nad tímto hanebným návrhem komunistů

On what foundation is the present family, the Bourgeoisie family, based?

Na jakém základě je založena nynější rodina, buržoazní rodina?

the foundation of the present family is based on capital and private gain

Základ současné rodiny je založen na kapitálu a soukromém zisku

In its completely developed form this family exists only among the Bourgeoisie

Ve své úplně vyvinuté formě existuje tato rodina jen mezi buržoazií

this state of things finds its complement in the practical absence of the family among the proletarians

Tento stav věcí nachází svůj doplněk v praktické absenci rodiny mezi proletáři

this state of things can be found in public prostitution

Tento stav věcí lze nalézt ve veřejné prostituci

The Bourgeoisie family will vanish as a matter of course when its complement vanishes

Buržoazní rodina zmizí jako samozřejmost, jakmile zmizí její doplněk

and both of these will will vanish with the vanishing of capital

a obojí zmizí se zánikem kapitálu

Do you charge us with wanting to stop the exploitation of children by their parents?

Obviňujete nás z toho, že chceme zastavit vykořisťování dětí jejich rodiči?

To this crime we plead guilty

K tomuto zločinu se přiznáváme

But, you will say, we destroy the most hallowed of relations, when we replace home education by social education

Řeknete však, že ničíme nejposvátnější vztahy, když nahradíme domácí výchovu výchovou společenskou

is your education not also social? And is it not determined by the social conditions under which you educate?

Není vaše vzdělání také sociální? A není to dáno společenskými podmínkami, za kterých vychováváte?

by the intervention, direct or indirect, of society, by means of schools, etc.

přímým nebo nepřímým zásahem společnosti, prostřednictvím škol atd.

The Communists have not invented the intervention of society in education

Komunisté nevynalezli zásah společnosti do vzdělávání

they do but seek to alter the character of that intervention

Snaží se pouze změnit povahu tohoto zásahu

and they seek to rescue education from the influence of the ruling class

a snaží se zachránit vzdělání z vlivu vládnoucí třídy

The Bourgeoisie talk of the hallowed co-relation of parent and child

Buržoazie mluví o posvátném soužití rodiče a dítěte

but this clap-trap about the family and education becomes all the more disgusting when we look at Modern Industry

ale tato past na rodinu a vzdělání se stává o to odpornější, když se podíváme na velký průmysl

all family ties among the proletarians are torn asunder by modern industry

Všechny rodinné svazky mezi proletáři jsou rozervány velkým průmyslem

their children are transformed into simple articles of commerce and instruments of labour

Jejich děti se promění v prosté obchodní předměty a pracovní nástroje

But you Communists would create a community of women, screams the whole Bourgeoisie in chorus

Ale vy komunisté byste vytvořili ženskou komunitu, křičí sborově celá buržoazie

The Bourgeoisie sees in his wife a mere instrument of production

Buržoazie vidí ve své ženě pouhý výrobní nástroj

He hears that the instruments of production are to be exploited by all

Slyší, že výrobní nástroje mají být využívány všemi

and, naturally, he can come to no other conclusion than that the lot of being common to all will likewise fall to women

a přirozeně nemůže dojít k jinému závěru než k tomu, že úděl být společný všem připadne také ženám

He has not even a suspicion that the real point is to do away with the status of women as mere instruments of production

Nemá ani tušení, že ve skutečnosti jde o to, aby se odstranilo postavení žen jako pouhých výrobních nástrojů

For the rest, nothing is more ridiculous than the virtuous indignation of our Bourgeoisie at the community of women

Ostatně není nic směšnějšího než ctnostné rozhořčení naší buržoazie nad společenstvím žen

they pretend it is to be openly and officially established by the Communists

předstírají, že má být otevřeně a oficiálně založena komunisty

The Communists have no need to introduce community of women, it has existed almost from time immemorial

Komunisté nemají potřebu zavádět komunitu žen, existuje téměř od nepaměti

Our Bourgeoisie are not content with having the wives and daughters of their proletarians at their disposal

Naše buržoazie se nespokojuje s tím, že má k dispozici ženy a dcery svých proletářů

they take the greatest pleasure in seducing each other's wives

mají největší potěšení z toho, že si navzájem svádějí manželky

and that is not even to speak of common prostitutes

a to ani nemluvím o obyčejných prostitutkách

Bourgeoisie marriage is in reality a system of wives in common

Buržoazní manželství je ve skutečnosti systémem společných manželek

then there is one thing that the Communists might possibly be reproached with

pak je tu jedna věc, která by snad mohla být komunistům vytýkána

they desire to introduce an openly legalised community of women

Touží po zavedení otevřeně legalizované komunity žen

rather than a hypocritically concealed community of women

spíše než pokrytecky skrývané společenství žen

the community of women springing from the system of production

komunita žen pramenící ze systému výroby

abolish the system of production, and you abolish the community of women

Zrušte výrobní systém a zrušíte společenství žen

both public prostitution is abolished, and private prostitution

Byla zrušena jak veřejná prostituce, tak soukromá prostituce

The Communists are further more reproached with desiring to abolish countries and nationality

Komunistům se dále více vytýká, že si přejí zrušit země a národnosti

The working men have no country, so we cannot take from them what they have not got

Pracující lidé nemají žádnou vlast, takže jim nemůžeme vzít to, co nemají

the proletariat must first of all acquire political supremacy

Proletariát musí v první řadě získat politické panství

the proletariat must rise to be the leading class of the nation

Proletariát se musí pozvednout a stát se vedoucí třídou národa

the proletariat must constitute itself the nation

Proletariát se musí ustavit národem

it is, so far, itself national, though not in the Bourgeoisie sense of the word

je zatím sama o sobě národní, i když ne v buržoazním smyslu slova

National differences and antagonisms between peoples are daily more and more vanishing

Národnostní rozdíly a protiklady mezi národy se den ode dne více a více vytrácejí

owing to the development of the Bourgeoisie, to freedom of commerce, to the world-market

díky rozvoji buržoazie, svobodě obchodu, světovému trhu

to uniformity in the mode of production and in the conditions of life corresponding thereto

stejnorodosti výrobního způsobu a jemu odpovídajících životních podmínek

The supremacy of the proletariat will cause them to vanish still faster

Nadvláda proletariátu způsobí, že zmizí ještě rychleji

United action, of the leading civilised countries at least, is one of the first conditions for the emancipation of the proletariat

Jednotná akce, přinejmenším ve vedoucích civilisovaných zemích, je jednou z prvních podmínek osvobození proletariátu

In proportion as the exploitation of one individual by another is put an end to, the exploitation of one nation by another will also be put an end to

Tou měrou, jak se bude skončit vykořisťování jednoho jednotlivce druhým, bude také ukončeno vykořisťování jednoho národa druhým

In proportion as the antagonism between classes within the nation vanishes, the hostility of one nation to another will come to an end

Tou měrou, jak mizí protiklad mezi třídami uvnitř národa, tím skončí i nepřátelství jednoho národa vůči druhému

The charges against Communism made from a religious, a philosophical, and, generally, from an ideological standpoint, are not deserving of serious examination

Obvinění proti komunismu vznesená z hlediska náboženského, filozofického a vůbec z ideologického hlediska nezasluhují vážného zkoumání

Does it require deep intuition to comprehend that man's ideas, views and conceptions changes with every change in the conditions of his material existence?

Je třeba hlubokého cítění, abychom pochopili, že myšlenky, názory a pojmy člověka se mění s každou změnou podmínek jeho hmotného bytí?

is it not obvious that man's consciousness changes when his social relations and his social life changes?

Není snad samozřejmé, že vědomí člověka se mění, když se mění jeho společenské vztahy a společenský život?

What else does the history of ideas prove, than that intellectual production changes its character in proportion as material production is changed?

Co jiného dokazují dějiny idejí, než že intelektuální produkce mění svůj charakter tou měrou, jak se mění materiální výroba?

The ruling ideas of each age have ever been the ideas of its ruling class

Vládnoucí ideje každé doby byly vždy idejemi její vládnoucí třídy

When people speak of ideas that revolutionise society, they do but express one fact

Když lidé mluví o myšlenkách, které revolucionizují společnost, vyjadřují jen jednu skutečnost

within the old society, the elements of a new one have been created

Ve staré společnosti byly vytvořeny prvky nové společnosti

and that the dissolution of the old ideas keeps even pace with the dissolution of the old conditions of existence

a že rozklad starých idejí drží krok s rozkladem starých existenčních podmínek

When the ancient world was in its last throes, the ancient religions were overcome by Christianity

Když byl starověký svět v posledních křečích, byla starověká náboženství přemožena křesťanstvím

When Christian ideas succumbed in the 18th century to rationalist ideas, feudal society fought its death battle with the then revolutionary Bourgeoisie

Když křesťanské ideje v 18. století podlehly racionalistickým idejím, feudální společnost svedla smrtelnou bitvu s tehdejší revoluční buržoazií

The ideas of religious liberty and freedom of conscience merely gave expression to the sway of free competition within the domain of knowledge

Myšlenky náboženské svobody a svobody svědomí pouze vyjadřovaly nadvládu svobodné soutěže v oblasti vědění

"Undoubtedly," it will be said, "religious, moral, philosophical and juridical ideas have been modified in the course of historical development"

Řekne se, že "náboženské, mravní, filozofické a právní ideje se v průběhu dějinného vývoje nepochybně změnily"

"But religion, morality philosophy, political science, and law, constantly survived this change"

"Ale náboženství, filozofie morálky, politická věda a právo neustále přežívaly tuto změnu."

"There are also eternal truths, such as Freedom, Justice, etc"

"Existují také věčné pravdy, jako je svoboda, spravedlnost atd."

"these eternal truths are common to all states of society"

"Tyto věčné pravdy jsou společné všem stavům společnosti"

"But Communism abolishes eternal truths, it abolishes all religion, and all morality"

"Ale komunismus ruší věčné pravdy, ruší veškeré náboženství a veškerou morálku."

"it does this instead of constituting them on a new basis"

"dělá to, místo aby je ustavovala na novém základě"

"it therefore acts in contradiction to all past historical experience"

"jedná tedy v rozporu s veškerou minulou historickou zkušeností"

What does this accusation reduce itself to?

Na co se toto obvinění redukuje?

The history of all past society has consisted in the development of class antagonisms

Dějiny celé minulé společnosti spočívaly ve vývoji třídních protikladů

antagonisms that assumed different forms at different epochs

antagonismy, které nabývaly různých forem v různých epochách

But whatever form they may have taken, one fact is common to all past ages

Ale ať už na sebe vzaly jakoukoli formu, jedna skutečnost je společná všem minulým věkům

the exploitation of one part of society by the other

vykořisťování jedné části společnosti druhou

No wonder, then, that the social consciousness of past ages moves within certain common forms, or general ideas

Není tedy divu, že se společenské vědomí minulých věků pohybuje v určitých běžných formách nebo obecných idejích

(and that is despite all the multiplicity and variety it displays)

(a to navzdory vší rozmanitosti a rozmanitosti, kterou zobrazuje)

and these cannot completely vanish except with the total disappearance of class antagonisms

a ty nemohou úplně zmizet jinak než úplným vymizením třídních protikladů

The Communist revolution is the most radical rupture with traditional property relations

Komunistická revoluce je nejradikálnějším rozchodem s tradičními vlastnickými vztahy

no wonder that its development involves the most radical rupture with traditional ideas

Není divu, že její vývoj zahrnuje nejradikálnější rozchod s tradičními idejemi

But let us have done with the Bourgeoisie objections to Communism

Ale skončeme s námitkami buržoazie vůči komunismu

We have seen above the first step in the revolution by the working class

Výše jsme viděli první krok v revoluci dělnické třídy

proletariat has to be raised to the position of ruling, to win the battle of democracy

Proletariát musí být povýšen do pozice vládce, aby vyhrál bitvu za demokracii

The proletariat will use its political supremacy to wrest, by degrees, all capital from the Bourgeoisie

Proletariát využije své politické nadvlády k tomu, aby postupně vyrval buržoazii všechen kapitál

it will centralise all instruments of production in the hands of the State

bude centralizovat všechny výrobní nástroje v rukou státu

in other words, the proletariat organised as the ruling class

Jinými slovy, proletariát se organizoval jako vládnoucí třída

and it will increase the total of productive forces as rapidly as possible

a co nejrychleji zvýší úhrn výrobních sil

Of course, in the beginning, this cannot be effected except by means of despotic inroads on the rights of property

Samozřejmě, že na začátku to nemůže být provedeno jinak než prostřednictvím despotických zásahů do vlastnických práv

and it has to be achieved on the conditions of Bourgeoisie production

a musí být dosaženo za podmínek buržoazní výroby

it is achieved by means of measures, therefore, which appear economically insufficient and untenable

Toho je proto dosaženo pomocí opatření, která se jeví jako ekonomicky nedostatečná a neudržitelná

but these means, in the course of the movement, outstrip themselves

ale tyto prostředky v průběhu pohybu předstihují samy sebe

they necessitate further inroads upon the old social order

Vyžadují další zásahy do starého společenského řádu

and they are unavoidable as a means of entirely revolutionising the mode of production

a jsou nevyhnutelné jako prostředek k úplné revoluci ve výrobním způsobu

These measures will of course be different in different countries

Tato měřítka se budou samozřejmě v různých zemích lišit

Nevertheless in the most advanced countries, the following will be pretty generally applicable

Nicméně v nejvyspělejších zemích bude následující docela obecně platit

1. Abolition of property in land and application of all rents of land to public purposes.

1. Zrušení vlastnictví půdy a použití všech pozemkových rent.

2. A heavy progressive or graduated income tax.

2. Vysoká progresivní nebo odstupňovaná daň z příjmu.

3. Abolition of all right of inheritance.

3. Zrušení veškerého dědického práva.

4. Confiscation of the property of all emigrants and rebels.

4. Konfiskace majetku všech emigrantů a vzbouřenců.

5. Centralisation of credit in the hands of the State, by means of a national bank with State capital and an exclusive monopoly.

5. Centralizace úvěrů v rukou státu prostřednictvím národní banky se státním kapitálem a výhradním monopolem.

6. Centralisation of the means of communication and transport in the hands of the State.

6. Centralizace komunikačních a dopravních prostředků v rukou státu.

7. Extension of factories and instruments of production owned by the State

7. Rozšíření továren a výrobních nástrojů ve vlastnictví státu

the bringing into cultivation of waste-lands, and the improvement of the soil generally in accordance with a common plan.

obdělávání pustin a všeobecné zlepšování půdy v souladu se společným plánem.

8. Equal liability of all to labour

8. Stejná odpovědnost všech vůči práci

Establishment of industrial armies, especially for agriculture.

Zřizování průmyslových armád, zejména pro zemědělství.

9. Combination of agriculture with manufacturing industries

9. Spojení zemědělství s výrobním průmyslem

gradual abolition of the distinction between town and country, by a more equable distribution of the population over the country.

Postupné odstraňování rozdílu mezi městem a venkovem prostřednictvím rovnoměrnějšího rozdělení obyvatelstva po celé zemi.

10. Free education for all children in public schools.

10. Bezplatné vzdělání pro všechny děti ve veřejných školách.

Abolition of children's factory labour in its present form

Zrušení dětské tovární práce v její současné podobě

Combination of education with industrial production

Spojení vzdělávání s průmyslovou výrobou

When, in the course of development, class distinctions have disappeared

Až v průběhu vývoje zmizí třídní rozdíly

and when all production has been concentrated in the hands of a vast association of the whole nation

a když veškerá výroba byla soustředěna v rukou obrovského sdružení celého národa

then the public power will lose its political character

pak veřejná moc ztratí svůj politický charakter

Political power, properly so called, is merely the organised power of one class for oppressing another

Politická moc ve vlastním slova smyslu je jen organizovaná moc jedné třídy k utlačování druhé třídy

If the proletariat during its contest with the Bourgeoisie is compelled, by the force of circumstances, to organise itself as a class

Je-li proletariát během svého zápasu s buržoazií nucen silou okolností organizovat se jako třída

if, by means of a revolution, it makes itself the ruling class

pokud se prostřednictvím revoluce stane vládnoucí třídou

and, as such, it sweeps away by force the old conditions of production

a jako taková násilím strhává staré výrobní podmínky

then it will, along with these conditions, have swept away the conditions for the existence of class antagonisms and of classes generally

Pak spolu s těmito podmínkami smete i podmínky pro existenci třídních protikladů a tříd vůbec

and will thereby have abolished its own supremacy as a class.

a tím zruší svou vlastní nadvládu jako třídy.

In place of the old Bourgeoisie society, with its classes and class antagonisms, we shall have an association

Na místo staré buržoazní společnosti s jejími třídami a třídními protiklady nastoupí sdružení

an association in which the free development of each is the condition for the free development of all

Sdružení, v němž svobodný rozvoj každého je podmínkou svobodného rozvoje všech

1) Reactionary Socialism
1) Reakční socialismus

a) Feudal Socialism
a) Feudální socialismus

the aristocracies of France and England had a unique historical position
aristokracie Francie a Anglie měla jedinečné historické postavení

it became their vocation to write pamphlets against modern Bourgeoisie society
stalo se jejich povoláním psát pamflety proti moderní buržoazní společnosti

In the French revolution of July 1830, and in the English reform agitation
Ve francouzské revoluci v červenci 1830 a v anglické reformní agitaci

these aristocracies again succumbed to the hateful upstart
Tato aristokracie opět podlehla nenáviděnému povýšenci

Thenceforth, a serious political contest was altogether out of the question
Od té doby nepřicházelo vůbec v úvahu vážný politický souboj

All that remained possible was literary battle, not an actual battle
Jediné, co zbývalo, byla literární bitva, nikoli skutečná bitva

But even in the domain of literature the old cries of the restoration period had become impossible
Ale i v oblasti literatury se staré výkřiky z doby restaurace staly nemožnými

In order to arouse sympathy, the aristocracy were obliged to lose sight, apparently, of their own interests
Aby vzbudila sympatie, musela aristokracie zřejmě ztratit ze zřetele své vlastní zájmy

and they were obliged to formulate their indictment against the Bourgeoisie in the interest of the exploited working class

a byli nuceni formulovat svou obžalobu proti buržoazii v zájmu vykořisťované dělnické třídy

Thus the aristocracy took their revenge by singing lampoons on their new master

Tak se aristokracie pomstila tím, že svého nového pána zesměšňovala

and they took their revenge by whispering in his ears sinister prophecies of coming catastrophe

a pomstili se mu tím, že mu do uší šeptali zlověstná proroctví o blížící se katastrofě

In this way arose Feudal Socialism: half lamentation, half lampoon

Tak vznikl feudální socialismus: napůl nářek, napůl výsměch

it rung as half echo of the past, and projected half menace of the future

znělo to jako napůl ozvěna minulosti a napůl jako promítaná hrozba budoucnosti

at times, by its bitter, witty and incisive criticism, it struck the Bourgeoisie to the very heart's core

někdy svou hořkou, vtipnou a pronikavou kritikou zasáhla buržoazii až do samého jádra

but it was always ludicrous in its effect, through total incapacity to comprehend the march of modern history

ale ve svém účinku to bylo vždy směšné, protože to nebylo vůbec možné pochopit běh moderních dějin

The aristocracy, in order to rally the people to them, waved the proletarian alms-bag in front for a banner

Aristokracie, aby k sobě přitáhla lid, mávala před sebou proletářským měšcem almužny jako praporem

But the people, so often as it joined them, saw on their hindquarters the old feudal coats of arms

Ale lid, kdykoli se k nim připojil, viděl na svých zadcích staré feudální erby

and they deserted with loud and irreverent laughter

a oni odešli s hlasitým a neuctivým smíchem

One section of the French Legitimists and "Young England" exhibited this spectacle

Jedna část francouzských legitimistů a "mladé Anglie" předváděla toto představení

the feudalists pointed out that their mode of exploitation was different to that of the Bourgeoisie

feudálové poukazovali na to, že jejich způsob vykořisťování je odlišný od způsobu vykořisťování buržoazie

the feudalists forget that they exploited under circumstances and conditions that were quite different

Feudálové zapomínají, že vykořisťovali za okolností a podmínek, které byly zcela odlišné

and they didn't notice such methods of exploitation are now antiquated

A nevšimli si, že takové metody vykořisťování jsou nyní zastaralé

they showed that, under their rule, the modern proletariat never existed

Ukázali, že pod jejich vládou moderní proletariát nikdy neexistoval

but they forget that the modern Bourgeoisie is the necessary offspring of their own form of society

zapomínají však, že moderní buržoazie je nutným potomkem jejich vlastní společenské formy

For the rest, they hardly conceal the reactionary character of their criticism

Ostatně stěží skrývají reakční charakter své kritiky

their chief accusation against the Bourgeoisie amounts to the following

jejich hlavní obvinění proti buržoazii spočívá v tomto:

under the Bourgeoisie regime a social class is being developed

za buržoazního režimu se rozvíjí společenská třída

this social class is destined to cut up root and branch the old order of society

Tato společenská třída je předurčena k tomu, aby vytrhala kořeny a větve starého společenského řádu

What they upbraid the Bourgeoisie with is not so much that it creates a proletariat

Buržoazii nekáží ani tak tím, že vytváří proletariát

what they upbraid the Bourgeoisie with is moreso that it creates a revolutionary proletariat

buržoazii vyčítají tím víc, že vytváří revoluční proletariát

In political practice, therefore, they join in all coercive measures against the working class

V politické praxi se proto připojují ke všem donucovacím opatřením proti dělnické třídě

and in ordinary life, despite their highfalutin phrases, they stoop to pick up the golden apples dropped from the tree of industry

A v obyčejném životě, navzdory svým vzletným frázím, se shýbají, aby sebrali zlatá jablka spadlá ze stromu průmyslu

and they barter truth, love, and honour for commerce in wool, beetroot-sugar, and potato spirits

a vyměňují pravdu, lásku a čest za obchod s vlnou, cukrem z červené řepy a bramborovými lihovinami

As the parson has ever gone hand in hand with the landlord, so has Clerical Socialism with Feudal Socialism

Tak jako šel farář vždy ruku v ruce s pozemkovým vlastníkem, tak šel klerikální socialismus ruku v ruce se socialismem feudálním

Nothing is easier than to give Christian asceticism a Socialist tinge

Není nic snazšího, než dát křesťanské askezi socialistický nádech

Has not Christianity declaimed against private property, against marriage, against the State?

Nebrojilo snad křesťanství proti soukromému vlastnictví, proti manželství, proti státu?

Has Christianity not preached in the place of these, charity and poverty?

Nekázalo křesťanství místo těchto dobročinnosti a chudoby?

Does Christianity not preach celibacy and mortification of the flesh, monastic life and Mother Church?

Nehlásá křesťanství celibát a umrtvování těla, mnišský život a matku církev?

Christian Socialism is but the holy water with which the priest consecrates the heart-burnings of the aristocrat

Křesťanský socialismus není nic jiného než svěcená voda, kterou kněz posvěcuje pálení srdce aristokrata

b) Petty-Bourgeois Socialism
b) Maloburžoazní socialismus

The feudal aristocracy was not the only class that was ruined by the Bourgeoisie
Feudální aristokracie nebyla jedinou třídou, která byla buržoazií zruinována
it was not the only class whose conditions of existence pined and perished in the atmosphere of modern Bourgeoisie society
nebyla to jediná třída, jejíž životní podmínky chřadly a zanikaly v ovzduší moderní buržoazní společnosti
The medieval burgesses and the small peasant proprietors were the precursors of the modern Bourgeoisie
Středověcí měšťané a drobní rolníci byli předchůdci moderní buržoazie
In those countries which are but little developed, industrially and commercially, these two classes still vegetate side by side
V zemích, které jsou průmyslově i obchodně jen málo vyvinuté, živoří tyto dvě třídy ještě vedle sebe
and in the meantime the Bourgeoisie rise up next to them: industrially, commercially, and politically
a mezitím vedle nich povstává buržoazie: průmyslově, obchodně a politicky
In countries where modern civilisation has become fully developed, a new class of petty Bourgeoisie has been formed
V zemích, kde se moderní civilizace plně rozvinula, se vytvořila nová třída maloburžoazie
this new social class fluctuates between proletariat and Bourgeoisie
tato nová společenská třída kolísá mezi proletariátem a buržoazií
and it is ever renewing itself as a supplementary part of Bourgeoisie society

a stále se obnovuje jako doplňková součást buržoazní společnosti

The individual members of this class, however, are being constantly hurled down into the proletariat

Jednotliví členové této třídy jsou však neustále sráženi do proletariátu

they are sucked up by the proletariat through the action of competition

jsou vysáváni proletariátem působením konkurence

as modern industry develops they even see the moment approaching when they will completely disappear as an independent section of modern society

S rozvojem moderního průmyslu dokonce vidí, že se blíží okamžik, kdy zcela zmizí jako samostatná část moderní společnosti

they will be replaced, in manufactures, agriculture and commerce, by overlookers, bailiffs and shopmen

V manufakturách, zemědělství a obchodu je nahradí dozorci, soudní vykonavatelé a obchodníci

In countries like France, where the peasants constitute far more than half of the population

V zemích jako Francie, kde rolníci tvoří mnohem více než polovinu obyvatelstva

it was natural that there there are writers who sided with the proletariat against the Bourgeoisie

bylo přirozené, že se našli spisovatelé, kteří se postavili na stranu proletariátu proti buržoazii

in their criticism of the Bourgeoisie regime they used the standard of the peasant and petty Bourgeoisie

ve své kritice buržoazního režimu používali standard rolnické a maloburžoazie

and from the standpoint of these intermediate classes they take up the cudgels for the working class

a s hlediska těchto středních tříd se ujímají klacků za dělnickou třídu

Thus arose petty-Bourgeoisie Socialism, of which Sismondi was the head of this school, not only in France but also in England

Tak vznikl maloburžoazní socialismus, jehož hlavou stál Sismondi, a to nejen ve Francii, ale i v Anglii

This school of Socialism dissected with great acuteness the contradictions in the conditions of modern production

Tato škola socialismu rozpitvala s velkou ostrostí rozpory v podmínkách moderní výroby

This school laid bare the hypocritical apologies of economists

Tato škola odhalila pokrytecké omluvy ekonomů

This school proved, incontrovertibly, the disastrous effects of machinery and division of labour

Tato škola nezvratně dokázala zhoubné účinky strojů a dělby práce

it proved the concentration of capital and land in a few hands

Dokazuje to koncentraci kapitálu a půdy v několika málo rukou

it proved how overproduction leads to Bourgeoisie crises

dokázala, jak nadvýroba vede ke krizím buržoazie

it pointed out the inevitable ruin of the petty Bourgeoisie and peasant

poukazovala na nevyhnutelný úpadek maloburžoazie a rolnictva

the misery of the proletariat, the anarchy in production, the crying inequalities in the distribution of wealth

bída proletariátu, anarchie ve výrobě, křiklavé nerovnosti v rozdělování bohatství

it showed how the system of production leads the industrial war of extermination between nations

Ukázala, jak výrobní systém vede průmyslovou vyhlazovací válku mezi národy

the dissolution of old moral bonds, of the old family relations, of the old nationalities

Rozpad starých mravních pout, starých rodinných vztahů, starých národností

In its positive aims, however, this form of Socialism aspires to achieve one of two things

Ve svých pozitivních cílech však tato forma socialismu usiluje o dosažení jedné ze dvou věcí

either it aims to restore the old means of production and of exchange

Buď má za cíl obnovit staré výrobní a směnné prostředky

and with the old means of production it would restore the old property relations, and the old society

a se starými výrobními prostředky by obnovila staré vlastnické vztahy a starou společnost

or it aims to cramp the modern means of production and exchange into the old framework of the property relations

nebo se snaží vtěsnat moderní výrobní a směnné prostředky do starého rámce vlastnických vztahů

In either case, it is both reactionary and Utopian

V každém případě je to jak reakční, tak utopické

Its last words are: corporate guilds for manufacture, patriarchal relations in agriculture

Její poslední slova jsou: průmyslové cechy korporací, patriarchální vztahy v zemědělství

Ultimately, when stubborn historical facts had dispersed all intoxicating effects of self-deception

Nakonec, když tvrdošíjná historická fakta rozptýlila všechny opojné účinky sebeklamu

this form of Socialism ended in a miserable fit of pity

tato forma socialismu skončila žalostným záchvatem lítosti

c) German, or "True," Socialism
c) Německý, čili "pravý" socialismus

The Socialist and Communist literature of France originated under the pressure of a Bourgeoisie in power
Socialistická a komunistická literatura Francie vznikla pod tlakem buržoazie u moci
and this literature was the expression of the struggle against this power
a tato literatura byla výrazem boje proti této moci
it was introduced into Germany at a time when the Bourgeoisie had just begun its contest with feudal absolutism
Byla zavedena v Německu v době, kdy buržoazie právě začala svůj boj s feudálním absolutismem
German philosophers, would-be philosophers, and beaux esprits, eagerly seized on this literature
Němečtí filozofové, rádoby filozofové a krásní espritové, se této literatury dychtivě chopili
but they forgot that the writings immigrated from France into Germany without bringing the French social conditions along
ale zapomněli, že spisy se přestěhovaly z Francie do Německa, aniž by s sebou přinesly francouzské sociální poměry
In contact with German social conditions, this French literature lost all its immediate practical significance
Ve styku s německými sociálními poměry ztratila tato francouzská literatura všechen svůj bezprostřední praktický význam
and the Communist literature of France assumed a purely literary aspect in German academic circles
a komunistická literatura Francie nabyla v německých akademických kruzích čistě literárního aspektu
Thus, the demands of the first French Revolution were nothing more than the demands of "Practical Reason"

A tak požadavky první francouzské revoluce nebyly ničím jiným než požadavky "praktického rozumu"

and the utterance of the will of the revolutionary French Bourgeoisie signified in their eyes the law of pure Will

a vyslovení vůle revoluční francouzské buržoazie znamenalo v jejich očích zákon čisté vůle

it signified Will as it was bound to be; of true human Will generally

znamenalo to vůli, jaká musela být; pravé lidské vůle vůbec

The world of the German literati consisted solely in bringing the new French ideas into harmony with their ancient philosophical conscience

Svět německých literátů záležel jen v tom, aby uvedli nové francouzské ideje do souladu se svým starým filosofickým svědomím

or rather, they annexed the French ideas without deserting their own philosophic point of view

nebo spíše si připojili francouzské ideje, aniž by opustili své vlastní filozofické hledisko

This annexation took place in the same way in which a foreign language is appropriated, namely, by translation

K této anexi došlo stejným způsobem, jakým se přivlastňuje cizí jazyk, totiž překladem

It is well known how the monks wrote silly lives of Catholic Saints over manuscripts

Je dobře známo, jak mniši psali hloupé životy katolických světců přes rukopisy

the manuscripts on which the classical works of ancient heathendom had been written

Rukopisy, na nichž byla napsána klasická díla starověkého pohanství

The German literati reversed this process with the profane French literature

Němečtí literáti tento proces obrátili světskou francouzskou literaturou

They wrote their philosophical nonsense beneath the French original

Své filosofické nesmysly napsali pod francouzský originál

For instance, beneath the French criticism of the economic functions of money, they wrote "Alienation of Humanity"

Například pod francouzskou kritiku ekonomických funkcí peněz napsali "Odcizení lidskosti"

beneath the French criticism of the Bourgeoisie State they wrote "dethronement of the Category of the General"

pod francouzskou kritiku buržoazního státu napsali "sesazení z trůnu kategorie obecného"

The introduction of these philosophical phrases at the back of the French historical criticisms they dubbed:

Uvedení těchto filozofických frází na pozadí francouzských historických kritik nazvali:

"Philosophy of Action," "True Socialism," "German Science of Socialism," "Philosophical Foundation of Socialism," and so on

"Filosofie činu", "Pravý socialismus", "Německá věda o socialismu", "Filosofické základy socialismu" a tak dále

The French Socialist and Communist literature was thus completely emasculated

Francouzská socialistická a komunistická literatura tak byla úplně vykleštěna

in the hands of the German philosophers it ceased to express the struggle of one class with the other

v rukou německých filosofů přestala vyjadřovat boj jedné třídy s druhou

and so the German philosophers felt conscious of having overcome "French one-sidedness"

a tak si němečtí filosofové byli vědomi, že překonali "francouzskou jednostrannost"

it did not have to represent true requirements, rather, it represented requirements of truth

Nemusela představovat skutečné požadavky, spíše představovala požadavky pravdy

there was no interest in the proletariat, rather, there was interest in Human Nature

nebyl tu žádný zájem o proletariát, spíše byl zájem o lidskou přirozenost

the interest was in Man in general, who belongs to no class, and has no reality

zájem byl o člověka obecně, který nepatří do žádné třídy a nemá žádnou skutečnost

a man who exists only in the misty realm of philosophical fantasy

Člověk, který existuje pouze v mlžné říši filozofické fantazie

but eventually this schoolboy German Socialism also lost its pedantic innocence

ale nakonec i tento školácký německý socialismus ztratil svou pedantskou nevinnost

the German Bourgeoisie, and especially the Prussian Bourgeoisie fought against feudal aristocracy

německá buržoazie a zejména pruská buržoazie bojovala proti feudální aristokracii

the absolute monarchy of Germany and Prussia was also being faught against

bojovalo se také proti absolutní monarchii Německa a Pruska

and in turn, the literature of the liberal movement also became more earnest

A na oplátku se literatura liberálního hnutí stala také serióznější

Germany's long wished-for opportunity for "true" Socialism was offered

Německu byla nabídnuta dlouho vytoužená příležitost pro "pravý" socialismus

the opportunity of confronting the political movement with the Socialist demands

možnost konfrontovat politické hnutí se socialistickými požadavky

the opportunity of hurling the traditional anathemas against liberalism příležitost vrhnout tradiční klatby na liberalismus

the opportunity to attack representative government and Bourgeoisie competition

možnost útočit na zastupitelskou vládu a buržoazní konkurenci

Bourgeoisie freedom of the press, Bourgeoisie legislation, Bourgeoisie liberty and equality

Buržoazie svoboda tisku, buržoazní zákonodárství, buržoazní svoboda a rovnost

all of these could now be critiqued in the real world, rather than in fantasy

To vše by nyní mohlo být kritizováno v reálném světě, spíše než ve fantazii

feudal aristocracy and absolute monarchy had long preached to the masses

Feudální aristokracie a absolutní monarchie dlouho kázaly masám

"the working man has nothing to lose, and he has everything to gain"

"Pracující člověk nemá co ztratit a může všechno získat"

the Bourgeoisie movement also offered a chance to confront these platitudes

buržoazní hnutí také nabízelo příležitost konfrontovat tyto otřepané fráze

the French criticism presupposed the existence of modern Bourgeoisie society

francouzská kritika předpokládala existenci moderní buržoazní společnosti

Bourgeoisie economic conditions of existence and Bourgeoisie political constitution

Buržoazie: ekonomické podmínky existence a politické zřízení buržoazie

the very things whose attainment was the object of the pending struggle in Germany

právě ty věci, jejichž dosažení bylo předmětem probíhajícího boje v Německu

Germany's silly echo of socialism abandoned these goals just in the nick of time

Hloupá ozvěna socialismu v Německu opustila tyto cíle právě v pravý čas

the absolute governments had their following of parsons, professors, country squires and officials

Absolutní vlády měly své přívržence z řad farářů, profesorů, venkovských statkářů a úředníků

the government of the time met the German working-class risings with floggings and bullets

tehdejší vláda reagovala na povstání německé dělnické třídy bičováním a kulkami

for them this socialism served as a welcome scarecrow against the threatening Bourgeoisie

Pro ně byl tento socialismus vítaným strašákem před hrozící buržoazií

and the German government was able to offer a sweet dessert after the bitter pills it handed out

a německá vláda byla schopna nabídnout sladký dezert po hořkých pilulkách, které rozdala

this "True" Socialism thus served the governments as a weapon for fighting the German Bourgeoisie

tento "pravý" socialismus tak sloužil vládám jako zbraň v boji proti německé buržoazii

and, at the same time, it directly represented a reactionary interest; that of the German Philistines

a zároveň přímo zastupovala reakční zájmy; zákon německých šosáků

In Germany the petty Bourgeoisie class is the real social basis of the existing state of things

V Německu je maloburžoazní třída skutečnou společenskou základnou nynějšího stavu věcí

a relique of the sixteenth century that has constantly been cropping up under various forms

pozůstatkem šestnáctého století, který se neustále vynořuje v různých podobách

To preserve this class is to preserve the existing state of things in Germany

Zachovat tuto třídu znamená zachovat nynější stav věcí v Německu

The industrial and political supremacy of the Bourgeoisie threatens the petty Bourgeoisie with certain destruction

Průmyslová a politická nadvláda buržoazie hrozí maloburžoazii jistou zánikem

on the one hand, it threatens to destroy the petty Bourgeoisie through the concentration of capital

na jedné straně hrozí, že koncentrací kapitálu zničí maloburžoazii

on the other hand, the Bourgeoisie threatens to destroy it through the rise of a revolutionary proletariat

na druhé straně buržoazie hrozí, že ji zničí vzestupem revolučního proletariátu

"True" Socialism appeared to kill these two birds with one stone. It spread like an epidemic

Zdálo se, že "pravý" socialismus zabil tyto dvě mouchy jednou ranou. Šířilo se to jako epidemie

The robe of speculative cobwebs, embroidered with flowers of rhetoric, steeped in the dew of sickly sentiment

Roucho ze spekulativních pavučin, vyšívaných květy rétoriky, nasáklé rosou chorobného sentimentu

this transcendental robe in which the German Socialists wrapped their sorry "eternal truths"

toto transcendentální roucho, do kterého němečtí socialisté zahalili své politováníhodné "věčné pravdy"

all skin and bone, served to wonderfully increase the sale of their goods amongst such a public

Všechno to šlo jen na kost a kůži, posloužilo k podivuhodnému zvýšení prodeje jejich zboží mezi takovou veřejností.

And on its part, German Socialism recognised, more and more, its own calling

A německý socialismus ze své strany stále více uznával své vlastní poslání

it was called to be the bombastic representative of the petty-Bourgeoisie Philistine

byla povolána k tomu, aby byla nabubřelým představitelem maloburžoazního šosáka

It proclaimed the German nation to be the model nation, and German petty Philistine the model man

Prohlásil německý národ za vzorný národ a německého malošosáka za vzorného člověka

To every villainous meanness of this model man it gave a hidden, higher, Socialistic interpretation

Každé ničemnosti tohoto vzorného člověka dávala skrytý, vyšší, socialistický výklad

this higher, Socialistic interpretation was the exact contrary of its real character

tento vyšší, socialistický výklad byl pravým opakem jeho skutečného charakteru

It went to the extreme length of directly opposing the "brutally destructive" tendency of Communism

Zašla až tak daleko, že se přímo postavila proti "brutálně destruktivní" tendenci komunismu

and it proclaimed its supreme and impartial contempt of all class struggles

a vyhlásila své nejvyšší a nestranné pohrdání všemi třídními boji

With very few exceptions, all the so-called Socialist and Communist publications that now (1847) circulate in Germany belong to the domain of this foul and enervating literature

Až na několik málo výjimek patří všechny takzvané socialistické a komunistické publikace, které nyní (1847) obíhají v Německu, do oblasti této odporné a vyčerpávající literatury

2) Conservative Socialism, or Bourgeoisie Socialism
2) Konzervativní socialismus nebo buržoazní socialismus

A part of the Bourgeoisie is desirous of redressing social grievances
Část buržoazie si přeje napravit sociální křivdy
in order to secure the continued existence of Bourgeoisie society
aby byla zajištěna další existence buržoazní společnosti
To this section belong economists, philanthropists, humanitarians
Do této sekce patří ekonomové, filantropové, humanisté
improvers of the condition of the working class and organisers of charity
zlepšovatelé podmínek dělnické třídy a organizátoři charity
members of societies for the prevention of cruelty to animals
Členové Společností pro prevenci týrání zvířat
temperance fanatics, hole-and-corner reformers of every imaginable kind
Fanatici střídmosti, zabednění reformátoři všeho možného druhu
This form of Socialism has, moreover, been worked out into complete systems
Tato forma socialismu byla navíc rozpracována do úplných systémů
We may cite Proudhon's "Philosophie de la Misère" as an example of this form
Jako příklad této formy můžeme uvést Proudhonovu "Philosophie de la Misère"
The Socialistic Bourgeoisie want all the advantages of modern social conditions
Socialistická buržoazie chce všechny výhody moderních společenských poměrů
but the Socialistic Bourgeoisie don't necessarily want the resulting struggles and dangers

ale socialistická buržoazie nemusí nutně chtít výsledné boje a nebezpečí

They desire the existing state of society, minus its revolutionary and disintegrating elements

Přejí si stávající stav společnosti, bez jejích revolučních a rozkladných prvků

in other words, they wish for a Bourgeoisie without a proletariat

jinými slovy, přejí si buržoazii bez proletariátu

The Bourgeoisie naturally conceives the world in which it is supreme to be the best

Buržoazie přirozeně pojímá svět, v němž je nejvyšší, jako nejlepší

and Bourgeoisie Socialism develops this comfortable conception into various more or less complete systems

a buržoazní socialismus rozvíjí tuto pohodlnou koncepci do různých více či méně ucelených systémů

they would very much like the proletariat to march straightway into the social New Jerusalem

velmi by si přáli, aby proletariát pochodoval rovnou do sociálního Nového Jeruzaléma

but in reality it requires the proletariat to remain within the bounds of existing society

Ve skutečnosti však vyžaduje, aby proletariát zůstal v mezích nynější společnosti

they ask the proletariat to cast away all their hateful ideas concerning the Bourgeoisie

žádají proletariát, aby odhodil všechny své nenávistné představy o buržoazii

there is a second more practical, but less systematic, form of this Socialism

existuje druhá, praktičtější, ale méně systematická forma tohoto socialismu

this form of socialism sought to depreciate every revolutionary movement in the eyes of the working class

Tato forma socialismu se snažila znehodnotit každé revoluční hnutí v očích dělnické třídy

they argue no mere political reform could be of any advantage to them

Tvrdí, že žádná pouhá politická reforma by jim nemohla být prospěšná

only a change in the material conditions of existence in economic relations are of benefit

Prospěšná je jen změna materiálních existenčních podmínek v hospodářských vztazích

like communism, this form of socialism advocates for a change in the material conditions of existence

Stejně jako komunismus, i tato forma socialismu obhajuje změnu materiálních podmínek existence

however, this form of socialism by no means suggests the abolition of the Bourgeoisie relations of production

tato forma socialismu však v žádném případě nenaznačuje zrušení buržoazních výrobních vztahů

the abolition of the Bourgeoisie relations of production can only be achieved through a revolution

Zrušení buržoazních výrobních vztahů lze dosáhnout pouze revolucí

but instead of a revolution, this form of socialism suggests administrative reforms

Ale místo revoluce tato forma socialismu navrhuje administrativní reformy

and these administrative reforms would be based on the continued existence of these relations

a tyto správní reformy by byly založeny na pokračující existenci těchto vztahů

reforms, therefore, that in no respect affect the relations between capital and labour

tedy reformy, které se v žádném ohledu nedotýkají vztahů mezi kapitálem a prací

at best, such reforms lessen the cost and simplify the administrative work of Bourgeoisie government

v nejlepším případě takové reformy snižují náklady a
zjednodušují administrativní práci buržoazní vlády

**Bourgeois Socialism attains adequate expression, when, and
only when, it becomes a mere figure of speech**

Buržoazní socialismus nabývá adekvátního výrazu tehdy a jen
tehdy, když se stane pouhým řečnickým obratem

Free trade: for the benefit of the working class

Volný obchod: ve prospěch dělnické třídy

Protective duties: for the benefit of the working class

Ochranné povinnosti: ve prospěch dělnické třídy

Prison Reform: for the benefit of the working class

Vězeňská reforma: ve prospěch dělnické třídy

**This is the last word and the only seriously meant word of
Bourgeoisie Socialism**

To je poslední slovo a jediné vážně míněné slovo buržoazního
socialismu

**It is summed up in the phrase: the Bourgeoisie is a
Bourgeoisie for the benefit of the working class**

Shrnuje se ve větě: buržoazie je buržoazií ve prospěch
dělnické třídy

3) Critical-Utopian Socialism and Communism
3) Kriticko-utopický socialismus a komunismus

We do not here refer to that literature which has always given voice to the demands of the proletariat
Nemluvíme zde o literatuře, která vždy dávala hlas požadavkům proletariátu
this has been present in every great modern revolution, such as the writings of Babeuf and others
to bylo přítomno v každé velké moderní revoluci, jako jsou spisy Babeufovy a další
The first direct attempts of the proletariat to attain its own ends necessarily failed
První přímé pokusy proletariátu dosáhnout svých vlastních cílů nutně ztroskotaly
these attempts were made in times of universal excitement, when feudal society was being overthrown
Tyto pokusy byly činěny v dobách všeobecného rozruchu, kdy byla svržena feudální společnost
the then undeveloped state of the proletariat led to those attempts failing
Tehdy nerozvinutý stav proletariátu vedl k tomu, že tyto pokusy selhaly
and they failed due to the absence of the economic conditions for its emancipation
a to kvůli absenci ekonomických podmínek pro její emancipaci
conditions that had yet to be produced, and could be produced by the impending Bourgeoisie epoch alone
poměry, které teprve měly být vytvořeny a mohly být vytvořeny pouze nastupující buržoazní epochou
The revolutionary literature that accompanied these first movements of the proletariat had necessarily a reactionary character
Revoluční literatura, která doprovázela tato první hnutí proletariátu, měla nutně reakční charakter

This literature inculcated universal asceticism and social levelling in its crudest form

Tato literatura vštěpovala všeobecnou askezi a sociální nivelizaci v její nejhrubší formě

The Socialist and Communist systems, properly so called, spring into existence in the early undeveloped period

Socialistický a komunistický systém, jak se vlastně nazývá, vznikají v raném nerozvinutém období

Saint-Simon, Fourier, Owen and others, described the struggle between proletariat and Bourgeoisie (see Section 1)

Saint-Simon, Fourier, Owen a jiní popsali boj mezi proletariátem a buržoazií (viz oddíl 1)

The founders of these systems see, indeed, the class antagonisms

Zakladatelé těchto systémů vskutku vidí třídní protiklady

they also see the action of the decomposing elements, in the prevailing form of society

Vidí také působení rozkládajících se prvků v převládající formě společnosti

But the proletariat, as yet in its infancy, offers to them the spectacle of a class without any historical initiative

Ale proletariát, který je ještě v plenkách, jim nabízí spektákl třídy bez jakékoli historické iniciativy

they see the spectacle of a social class without any independent political movement

vidí spektákl společenské třídy bez jakéhokoli nezávislého politického hnutí

the development of class antagonism keeps even pace with the development of industry

Vývoj třídních protikladů drží krok s rozvojem průmyslu

so the economic situation does not as yet offer to them the material conditions for the emancipation of the proletariat

Hospodářská situace jim tedy ještě neposkytuje materiální podmínky pro osvobození proletariátu

They therefore search after a new social science, after new social laws, that are to create these conditions

Hledají proto novou společenskou vědu, nové společenské zákony, které by tyto podmínky vytvořily

historical action is to yield to their personal inventive action

Historická akce znamená poddat se své osobní vynalézavé činnosti

historically created conditions of emancipation are to yield to fantastic conditions

historicky vytvořené podmínky emancipace mají ustoupit fantastickým podmínkám

and the gradual, spontaneous class-organisation of the proletariat is to yield to the organisation of society

a postupná, živelná třídní organizace proletariátu má ustoupit organisaci společnosti

the organisation of society specially contrived by these inventors

organizace společnosti speciálně vymyšlená těmito vynálezci

Future history resolves itself, in their eyes, into the propaganda and the practical carrying out of their social plans

Budoucí dějiny se v jejich očích redukují na propagandu a praktické uskutečňování jejich sociálních plánů

In the formation of their plans they are conscious of caring chiefly for the interests of the working class

Při vytváření svých plánů jsou si vědomi, že se starají především o zájmy dělnické třídy

Only from the point of view of being the most suffering class does the proletariat exist for them

Proletariát pro ně existuje pouze z hlediska toho, že jsou nejvíce trpící třídou

The undeveloped state of the class struggle and their own surroundings inform their opinions

Nevyvinutý stav třídního boje a jejich vlastní okolí formují jejich názory

Socialists of this kind consider themselves far superior to all class antagonisms

Socialisté tohoto druhu se považují za daleko nadřazené všem třídním protikladům

They want to improve the condition of every member of society, even that of the most favoured

Chtějí zlepšit podmínky každého člena společnosti, dokonce i těch nejbohatších

Hence, they habitually appeal to society at large, without distinction of class

Proto mají ve zvyku apelovat na společnost jako celek, bez rozdílu třídy

nay, they appeal to society at large by preference to the ruling class

ba dokonce apelují na společnost jako celek tím, že dávají přednost vládnoucí třídě

to them, all it requires is for others to understand their system

Pro ně to vyžaduje jen to, aby ostatní pochopili jejich systém

because how can people fail to see that the best possible plan is for the best possible state of society?

Protože jak mohou lidé nevidět, že nejlepší možný plán je pro nejlepší možný stav společnosti?

Hence, they reject all political, and especially all revolutionary, action

Proto odmítají veškerou politickou a zejména veškerou revoluční akci

they wish to attain their ends by peaceful means

chtějí dosáhnout svých cílů mírovými prostředky

they endeavour, by small experiments, which are necessarily doomed to failure

Snaží se o to malými experimenty, které jsou nutně odsouzeny k neúspěchu

and by the force of example they try to pave the way for the new social Gospel

a silou příkladu se snaží připravit cestu novému sociálnímu evangeliu

Such fantastic pictures of future society, painted at a time when the proletariat is still in a very undeveloped state

Takové fantastické obrazy budoucí společnosti, namalované v době, kdy proletariát je ještě ve velmi nevyvinutém stavu

and it still has but a fantastical conception of its own position

a má ještě jen fantastickou představu o svém vlastním postavení

but their first instinctive yearnings correspond with the yearnings of the proletariat

Ale jejich první instinktivní touhy odpovídají touhám proletariátu

both yearn for a general reconstruction of society

Oba touží po celkové přestavbě společnosti

But these Socialist and Communist publications also contain a critical element

Ale tyto socialistické a komunistické publikace obsahují také kritický prvek

They attack every principle of existing society

Útočí na každý princip existující společnosti

Hence they are full of the most valuable materials for the enlightenment of the working class

Jsou tedy plné nejcennějšího materiálu pro osvětu dělnické třídy

they propose abolition of the distinction between town and country, and the family

Navrhují zrušení rozdílu mezi městem a venkovem a rodinou

the abolition of the carrying on of industries for the account of private individuals

Zrušení provozování průmyslu na účet soukromých osob

and the abolition of the wage system and the proclamation of social harmony

a zrušení mzdového systému a vyhlášení sociální harmonie

the conversion of the functions of the State into a mere superintendence of production

přeměna funkcí státu v pouhý dohled nad výrobou

all these proposals, point solely to the disappearance of class antagonisms

Všechny tyto návrhy poukazují jen na to, že třídní protiklady zmizely

class antagonisms were, at that time, only just cropping up

Třídní protiklady se v té době teprve objevovaly

in these publications these class antagonisms are recognised in their earliest, indistinct and undefined forms only

V těchto publikacích jsou tyto třídní protiklady rozpoznány jen ve svých nejranějších, neurčitých a neurčitých formách

These proposals, therefore, are of a purely Utopian character

Tyto návrhy jsou tedy čistě utopického rázu

The significance of Critical-Utopian Socialism and Communism bears an inverse relation to historical development

Význam kriticko-utopického socialismu a komunismu nese nepřímý vztah k historickému vývoji

the modern class struggle will develop and continue to take definite shape

Moderní třídní boj se bude rozvíjet a bude se nadále přesně formovat

this fantastic standing from the contest will lose all practical value

Toto fantastické postavení ze soutěže ztratí veškerou praktickou hodnotu

these fantastic attacks on class antagonisms will lose all theoretical justification

Tyto fantastické útoky na třídní protiklady ztratí veškeré teoretické opodstatnění

the originators of these systems were, in many respects, revolutionary

Původci těchto systémů byli v mnoha ohledech revoluční

but their disciples have, in every case, formed mere reactionary sects

Ale jejich učedníci vytvořili v každém případě jen reakční sekty

They hold tightly to the original views of their masters
Pevně se drží původních názorů svých mistrů
but these views are in opposition to the progressive historical development of the proletariat
Ale tyto názory jsou v rozporu s postupným historickým vývojem proletariátu
They, therefore, endeavour, and that consistently, to deaden the class struggle
Snaží se tedy, a to důsledně, otupit třídní boj
and they consistently endeavour to reconcile the class antagonisms
a důsledně se snaží smířit třídní protiklady
They still dream of experimental realisation of their social Utopias
Stále sní o experimentální realizaci svých sociálních utopií
they still dream of founding isolated "phalansteres" and establishing "Home Colonies"
stále sní o zakládání izolovaných "falansterů" a zakládání "domovských kolonií"
they dream of setting up a "Little Icaria" — duodecimo editions of the New Jerusalem
sní o založení "Malé Ikárie" – duodecimo vydání Nového Jeruzaléma
and they dream to realise all these castles in the air
a sní o tom, že si uvědomí všechny ty vzdušné zámky
they are compelled to appeal to the feelings and purses of the bourgeois
Jsou nuceni apelovat na city a peněženky buržoazie
By degrees they sink into the category of the reactionary conservative Socialists depicted above
Postupně se propadají do kategorie reakčních konzervativních socialistů, jak jsme je vylíčili výše
they differ from these only by more systematic pedantry
Liší se od nich jen systematičtějším pedantstvím
and they differ by their fanatical and superstitious belief in the miraculous effects of their social science

a liší se svou fanatickou a pověrčivou vírou v zázračné účinky svých společenských věd

They, therefore, violently oppose all political action on the part of the working class

Proto se násilně staví proti každé politické akci dělnické třídy

such action, according to them, can only result from blind unbelief in the new Gospel

takové jednání může podle nich vyplynout jen ze slepé nevíry v nové evangelium

The Owenites in England, and the Fourierists in France, respectively, oppose the Chartists and the "Réformistes"

Owenovci v Anglii a fourierovci ve Francii se staví proti chartistům a "réformistům"

Position of the Communists in Relation to the Various Existing Opposision Parties
Postavení komunistů ve vztahu k různým existujícím opozičním stranám

Section II has made clear the relations of the Communists to the existing working-class parties
Oddíl II objasnil poměr komunistů k existujícím dělnickým stranám
such as the Chartists in England, and the Agrarian Reformers in America
jako chartisté v Anglii a agrární reformátoři v Americe
The Communists fight for the attainment of the immediate aims
Komunisté bojují za dosažení bezprostředních cílů
they fight for the enforcement of the momentary interests of the working class
Bojují za prosazení momentálních zájmů dělnické třídy
but in the political movement of the present, they also represent and take care of the future of that movement
Ale v současném politickém hnutí také reprezentují a starají se o budoucnost tohoto hnutí
In France the Communists ally themselves with the Social-Democrats
Ve Francii se komunisté spojují se sociálními demokraty
and they position themselves against the conservative and radical Bourgeoisie
a staví se proti konzervativní a radikální buržoazii
however, they reserve the right to take up a critical position in regard to phrases and illusions traditionally handed down from the great Revolution
vyhrazují si však právo zaujmout kritické stanovisko k frázím a iluzím tradičně tradovaným z velké revoluce
In Switzerland they support the Radicals, without losing sight of the fact that this party consists of antagonistic elements

Ve Švýcarsku podporují radikály, aniž ztrácejí ze zřetele, že tato strana se skládá z antagonistických živlů

partly of Democratic Socialists, in the French sense, partly of radical Bourgeoisie

zčásti demokratických socialistů ve francouzském smyslu, zčásti radikální buržoazie

In Poland they support the party that insists on an agrarian revolution as the prime condition for national emancipation

V Polsku podporují stranu, která trvá na agrární revoluci jako na první podmínce národní emancipace

that party which fomented the insurrection of Cracow in 1846

ta strana, která podnítila krakovské povstání v roce 1846

In Germany they fight with the Bourgeoisie whenever it acts in a revolutionary way

V Německu bojují s buržoazií, kdykoli jedná revolučně

against the absolute monarchy, the feudal squirearchy, and the petty Bourgeoisie

proti absolutní monarchii, feudálnímu statkářství a maloburžoazii

But they never cease, for a single instant, to instil into the working class one particular idea

Nikdy však nepřestanou ani na okamžik vštěpovat dělnické třídě jednu konkrétní myšlenku

the clearest possible recognition of the hostile antagonism between Bourgeoisie and proletariat

co nejjasnější poznání nepřátelského protikladu mezi buržoazií a proletariátem

so that the German workers may straightaway use the weapons at their disposal

aby němečtí dělníci mohli ihned použít zbraní, které mají k dispozici

the social and political conditions that the Bourgeoisie must necessarily introduce along with its supremacy

sociální a politické podmínky, které buržoazie musí nutně zavést spolu se svou nadvládou

the fall of the reactionary classes in Germany is inevitable
pád reakčních tříd v Německu je nevyhnutelný
and then the fight against the Bourgeoisie itself may
immediately begin
a pak může okamžitě začít boj proti buržoazii samé
The Communists turn their attention chiefly to Germany,
because that country is on the eve of a Bourgeoisie
revolution
Komunisté obracejí svou pozornost hlavně k Německu,
protože tato země je na prahu buržoazní revoluce
a revolution that is bound to be carried out under more
advanced conditions of European civilisation
revoluce, která se musí uskutečnit v pokročilejších
podmínkách evropské civilizace
and it is bound to be carried out with a much more
developed proletariat
a musí být prováděna s mnohem vyvinutějším proletariátem
a proletariat more advanced than that of England was in the
seventeenth, and of France in the eighteenth century
proletariát pokročilejší než byl proletariát Anglie v
sedmnáctém století a ve Francii v osmnáctém století
and because the Bourgeoisie revolution in Germany will be
but the prelude to an immediately following proletarian
revolution
a protože buržoazní revoluce v Německu bude jen předehrou
k bezprostředně následující proletářské revoluci
In short, the Communists everywhere support every
revolutionary movement against the existing social and
political order of things
Stručně řečeno, komunisté všude podporují každé revoluční
hnutí proti existujícímu společenskému a politickému řádu
věcí
In all these movements they bring to the front, as the leading
question in each, the property question
Ve všech těchto hnutích vynášejí do popředí jako vůdčí otázku
v každém z nich otázku vlastnictví

no matter what its degree of development is in that country at the time

bez ohledu na to, jaký stupeň rozvoje je v dané zemi v té době

Finally, they labour everywhere for the union and agreement of the democratic parties of all countries

A konečně všude pracují pro sjednocení a dohodu demokratických stran všech zemí

The Communists disdain to conceal their views and aims

Komunisté pohrdají skrýváním svých názorů a cílů

They openly declare that their ends can be attained only by the forcible overthrow of all existing social conditions

Otevřeně prohlašují, že jejich cílů může být dosaženo jen násilným svržením všech existujících společenských poměrů

Let the ruling classes tremble at a Communistic revolution

Nechť se vládnoucí třídy třesou před komunistickou revolucí

The proletarians have nothing to lose but their chains

Proletáři nemají co ztratit kromě svých okovů

They have a world to win

Mají svět, který mohou vyhrát

WORKING MEN OF ALL COUNTRIES, UNITE!

PRACUJÍCÍ LIDÉ VŠECH ZEMÍ, SPOJTE SE!